《典范苏州·社科普及精品读本》编委会

典范苏州
社科普及精品读本

名士贤人

——识人——凝望苏州——

潘文龙/著

中国·苏州
古吴轩出版社

伍相祠

总序

上有天堂，下有苏杭。苏州素有“人间天堂”的美誉。

苏州美，不仅美在她得天独厚的自然山水环境，也不仅美在她繁荣富庶的物质生活条件，更美在她悠久灿烂的传统文化。天时、地利、人和，三者共同造就了这座得天独厚的“人间天堂”。

一方水土养一方人。每个地方都有她的历史和文化。千百年来，世世代代的苏州人在创造物质文明的同时，也创造出了灿烂辉煌的吴地文化。苏州文化的独特性和丰厚性，体现在名城古镇、园林胜迹、街坊民居、小桥流水人家等特色鲜明的物化形态上，体现在昆曲、评弹、苏剧、吴门书画、诗文、丝绸、刺绣、雕刻等门类齐全的艺术形态上，还体现在文化心理的成熟、文化氛围的浓重、文化精神的彰显等诸多方面。明清两代，苏州更成为当时中国的文化中心之一。苏州，因其文化的历史悠久、薪火相传、历久弥新，特别是她的综合实力优势而成为中华文化一颗璀璨夺目的明珠，成为中华文化的典范城市和渊薮之区。

文化是根，是魂，是人们共有的精神家园。文化的凝结形成传统，文化的传承关乎未来。优秀传统文化具有涵养情操、修身益智、凝聚共识、励志图强等特殊价值。从“相土尝水，象天法地”的科学精神，到“先天下之忧而忧，后天下之乐而乐”的政治抱负，到“天下兴亡，匹夫有责”的爱国情怀，再到改革开放以来形成的“张家港精神”、“昆山之路”、“园区经验”三大法宝，苏州文化蕴含着优秀传统人文精神的传承和弘扬。苏州文化的生命力在于绵延不绝、生生不息的传承和开拓，在传承优秀传统文化的同时，又能结合时代特点不断推陈出新，从而使苏州文化日益根深叶茂、绚丽多彩，使苏州大地始终生机盎然、繁荣昌盛。

观乎人文以化成天下。我们正处在实现中华民族伟大复兴中国梦的新时代。实现中国梦，必须走中国道路，弘扬中国精神，凝聚中国力量。中华文化积淀着中华民族最深沉的精神追求，是中华民族生生不息、发展壮大的丰厚滋养。认识和把握中国的历史文化，有利于正确认识中国独特的发展道路，从而增强道路自信；弘扬优秀的民族精神，有利于激发中国精神；增强文化认同，有利于凝聚中国力量。中华优秀传统文化也是涵养社会主义核心价值观的重要源泉。继承和弘扬作为中华文化一个重要组成部分的苏州优秀传统文化，就是要为谱写中国梦的苏州篇章提供强大的精神文化力量。

苏州市委宣传部、市社科联和古吴轩出版社联合编辑出版这套《典范苏州·社科普及精品读本》，运用图文并茂、雅俗共赏的手法宣传普及苏州优秀传统文化，可谓适逢其时，很有意义，值得祝贺。

是为序。

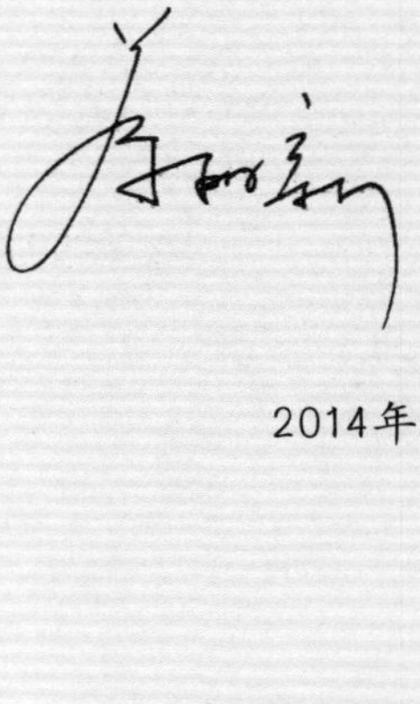

2014年秋

先天下之憂而憂
後天下之樂而樂

甪直

陆龟蒙

灵岩山寺、报国寺

印光

俞樾

曲园

吴门四家

沈周、文徵明

先忧后乐

范仲淹

顾炎武

天下兴亡，匹夫有责

名士贤人，可以说是那些在功业、道德、文章、风骨上值得后人追慕、景仰、模仿的人。他们为其所属的那个时代和社会的进步，起到了正向推动作用。对古城苏州来说，自泰伯南奔，数千年来，名贤俊彦数不胜数。五百名贤祠第一次刻石的名贤就达五百六十多人。咸丰年间，五百名贤祠毁于兵火，后来巡抚张树声重建，又增加了三十多人。当历史进入二十一世纪，苏州人对名贤的景仰和崇敬一点都没有减弱……

《平复帖》

陆机、陆云

复社

张采、张溥

翁同龢

彩衣堂

寒山寺

寒山、拾得

黎里

柳亚子

伍子胥

阖闾大城

南奔创吴

泰伯

虎丘、定慧寺

苏东坡

郑思肖

《心史》

名士贤人关键词

功业 道德 文章 风骨

山塘街

白居易

莼鲈之思

张翰

支道林

支硎山

目录

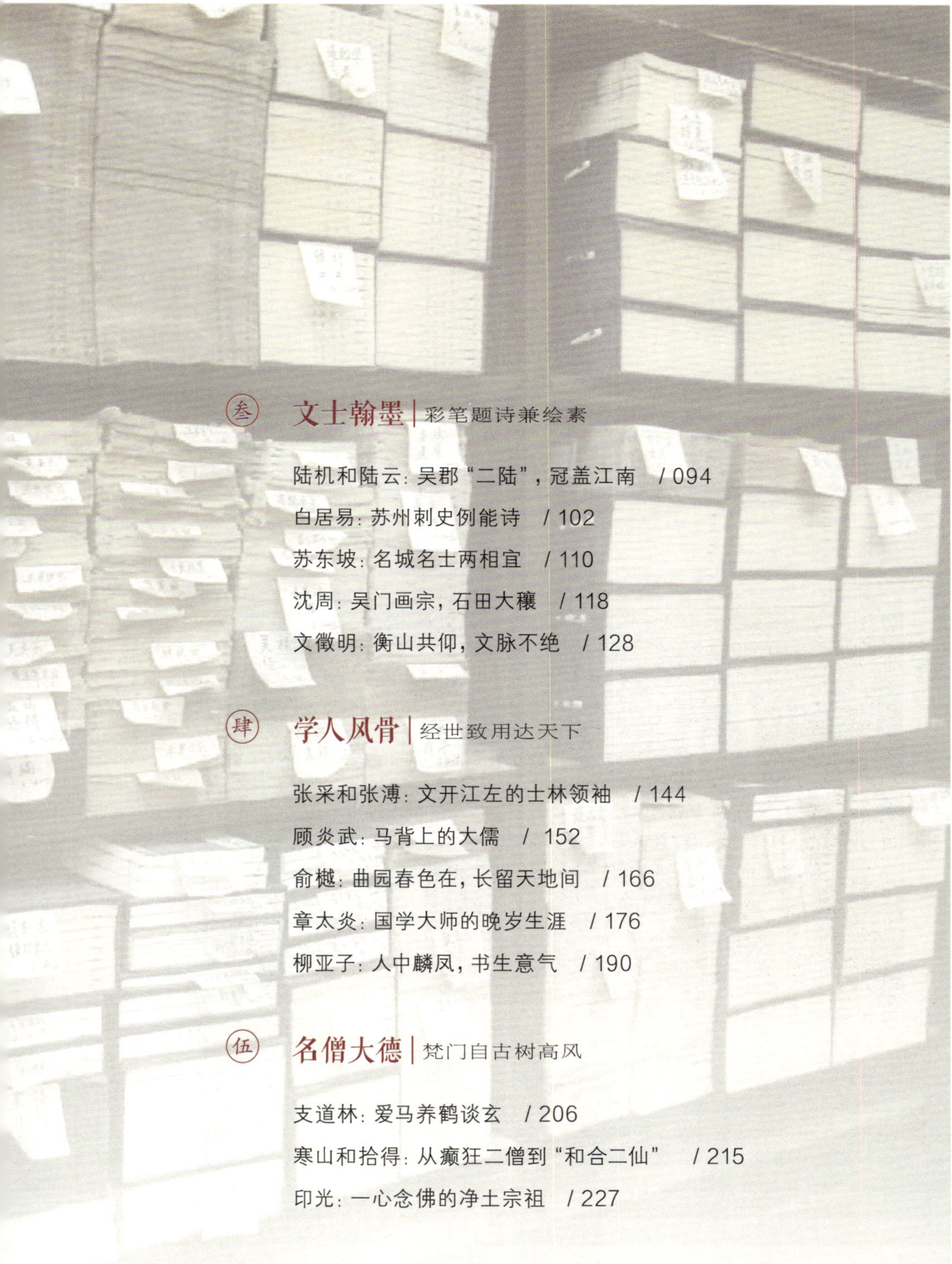

千百年名世同堂，俎豆馨香，因果不从罗汉证；

廿四史先贤合传，文章事业，英灵端自让王开。

——薛时雨题沧浪亭五百名贤祠

引子

道光七年（1827），江苏布政使梁章钜在苏州做了一件筹划已久的事——重修沧浪亭。数百年来，这座由宋代诗人苏舜钦构建的名园，已屡有兴废。江苏巡抚陶澍也共襄盛举，在园内明道堂西的一小块空地上建屋五间，把平时搜集的与苏州有关的五百多位名贤画像请人钩摹刻石，嵌在墙上，供后人瞻仰，这就是苏州人历来敬重的五百名贤祠。

在中国，恐怕找不出第二个对历代名士先贤如此礼遇的城市了。而对古城苏州来说，自泰伯南奔，数千年来，名士贤人和豪杰俊彦数不胜数，繁若星辰。名城与名人相宜，也说不清谁借了谁的光辉。

那么，孰为名士，何谓贤人？这恐怕很难用一个统一的定义来描述，但是他们都有其共性，那就是在功业、道德、文章、风骨上值得后人追慕、景仰、模仿。他们从平凡人中脱颖而出，借由天地人和的机缘，历史选择也好，自我塑造也罢，成为社会贤达，为其所属的那个时代和社会的进步，起到了正向推动作用。

西哲康德曾说："有两种东西，我对它们的思考越是深沉和持久，它们在我心灵中唤起的惊奇和敬畏就会日新月异，不断增长，这就是我头上的星空和心中的道德定律。"

如果我们把这句刻在康德墓碑上的名言引申一下的话，是不是可以

智

所以知之在人者谓之知。知有所合谓之智。——《荀子》

忠

尽心于人曰忠，不欺于己曰信。——司马光《四言铭系述》

勇

勇，志之所以敢也。——《墨子》

让

让，礼之主也。——《左传》

孝

夫孝，始于事亲，中于事君，终于立身。——《孝经》

这样理解：当人努力成了圣贤，也即完成了人之所以为人的最高目标，就与宇宙星空一样，恒久为后世所景仰膜拜。而每个人心中道德坐标的自我指引和约束，目的也是让人格从庸常向伟大靠近。

古圣孟子早就提出“人皆可以为尧舜”，进一步地为凡人指出了实现人生价值的正确方向与现实可能。理学家们接着表达：圣人可学，观圣贤气象，寻孔颜乐处。大儒王阳明则简单地用“内圣外王”来替普通人指出一条成为圣贤的明确路径。路在脚下，炼心可为。

回到本书，在作为中国城市典型标本的苏州，人们谈及名士贤人，一般会从三个方面寻找代表人物。一是名贤，南奔吴地的开国始祖泰伯和数让王位的公子季札，他们视权位为粪土，开江南百世德宗；历任的苏州刺史刘禹锡、韦应物、白居易，他们为政有行，留下了“苏州刺史例能诗”的佳话。二是乡贤，苏州自古人文荟萃，才子佳人、帝王将相、名士大儒数不尽数。孔夫子门下有七十二贤者，其中唯一的南方弟子是言偃。这位在《论语》中被称作子游的弟子，把礼乐文明带回故乡，在江南播衍了弦歌之声；从西晋的文学“二陆”，到归隐的张翰、陆龟蒙，从“明四家”的“沈、文、唐、仇”，到近世的大儒顾炎武，都是吴地的灿

仁

夫仁者，己欲立而立人，己欲达而达人。——《论语》

义

大人者，言不必信，行不必果，惟义所在。——《孟子》

礼

人道莫不有辨，辨莫大于分，分莫大于礼。——《荀子》

信

定身以行事谓之信。——《国语·晋语》

节

士大夫莫不敬节死制。——《荀子》

恕

夫子之道，忠恕而已矣。——《论语》

烂群星，或才领后世，或思引百代，足当记取。三是寓贤，“不是阳澄湖蟹好，此生何必住苏州”，人间天堂不是浪得的虚名，风物清嘉，山水悦人，苏州因此成为许多外籍名士的终老之地。如果说子胥奔吴是复仇的漂泊，孙武辟隐深山是为了韬光养晦，那么，俞樾钟情曲园的诗书茶酒，章太炎坚守江南的砥砺士风，李根源宦隐吴中买山葬母，无不体现出他们对苏州这座名城深深的喜爱与眷恋。就连大学士苏东坡晚年的心愿，都是希望在苏杭择一城埋骨。

西晋文学家陆机在《吴趋行》里写道：“泰伯导仁风，仲雍扬其波。穆穆延陵子，灼灼光诸华。”谈到天下名贤，他还骄傲地说：“属城咸有士，吴邑最为多。”

碌碌红尘里，或许我们因忙碌和麻木已很少抬头仰望苍穹了，但我们的心灵不该被雾霾遮掩，因为那些永恒的星辰一直都在那里熠熠闪烁，为每个凡人点亮前行的路。每一位名士贤人高蹈的思想行为，本身就像一本厚厚的大书，值得后人认真阅读，反复追摹。先贤已没，但背影犹在，精神永存。就让我们一同展卷，借片楮断缣，隙中望月，管窥先贤，或许对我们每段普通的人生都能有所裨益。

壹

贤望功业

——泽被江南传万世

中国人有慎终追远的传统，泰伯奔吴，一直是吴地文化与中原正统文明接轨的象征，而吴国有记载的历史也都是从泰伯南奔播衍而起的。仁风有了先导，其后便是仲雍、季札“扬其波”，其后是伍员筑城、范公忧天下……贤望为苏州所奠定的，不仅是坚固的城基，更是仁德刚正的气魄。

泰伯和季札：让，至德的最高境界

2009年，苏州修复了位于阊门内皋桥附近的泰伯庙。

这座庙是为纪念周太王（古公亶父）长子泰伯（亦作太伯）而建，据考历史可追溯至东汉，是江南地区最早奉祀吴地开发始祖泰伯的庙宇。苏州泰伯庙又名“至德庙”，东汉永兴二年（154），由郡守麋豹始建于阊门外。五代时，吴越王为避兵乱将庙移至城门内。后世屡修屡废，现尚存至德桥、至德坊、大殿三间、东西两庑各三间，老底子为清代建筑。这庙原本湮灭在破烂不堪的菜场里，每日红尘往还，鱼米鸡豚，只有嵌在菜场门楣上的至德石坊似乎昭示着昔日的尊荣。吴国创始先祖的灵光，辉耀后世子民的碌碌风尘，倒也独有人世生息的特别意义。在桃花坞地区改造过程中，泰伯庙终于恢复旧制，扩建为旧址的六倍，气势恢宏，面貌一新。

泰伯为何奔吴，其实一直是历史上的一个谜。传统说法是贤者为避让王位，才来到荆蛮的南方，但是，避王位的泰伯为何又被吴地先民奉为首领，开创吴国，倒是十分耐人寻味。

让，本来就是躲避与放弃。而不想得到众人激烈争夺的所谓权柄，最后还是在避居之地被奉为首领，看来符合古人所说的“天下者有德者居之”的道理。由此可见，泰伯之让，充满了得与失的辩证意义，避让中原后，反倒成就了吴地数十世的霸业辉煌。

吴泰伯像 选自《历代名臣像解》

泰伯奔吴

司马迁在《史记》中把《吴太伯世家》作为诸侯世家的第一篇，意指吴是所有诸侯国中资历最深的西周姬姓同姓国，足见泰伯在史家心目中地位之高。

让我们先回溯一下泰伯传说的基本面貌。

商朝末年，位于西北的周族渐渐兴起。当时周族的首领古公亶父有

三讓高踪
至德無名

泰伯庙至德殿中供奉了三位贤人，泰伯居中。「三让高踪」为乾隆南巡时御笔亲书

三个儿子：泰伯、仲雍和季历。老三季历有个儿子名叫姬昌（就是后来赫赫有名的周文王），自幼聪明伶俐，表现非凡，深受古公的喜爱。古公摸着姬昌的头说，“兴王业”的希望，恐怕在这个孩子身上啊！明眼人都看得出来，古公想传位给季历，再传给姬昌。但是，根据当时的礼法，传位顺序是自嫡长子而下。作为老大的泰伯和老二的仲雍心里很明白，为了不给父亲添麻烦，还是主动让贤吧。于是就借着父亲身体不好的由头，打着去衡山采药的幌子，悄悄离开了周地，不远千里来到了俗称“荆蛮”之地的江南地区。

《国语》、《左传》等先秦权威文献都有泰伯南奔的记载。《史记》也予以沿用，《吴越春秋》里则记载得更加详细和生动。泰伯到了南方，入乡随俗，文身断发，穿南方蛮夷人的服装，表示不再觊觎季历之位。据说，古公病重时，“采药”的泰伯还回去探视过父亲。古公还希望小儿子季历请兄长担任国君，请了三次都被泰伯拒绝了，留下了“三让天下”的美名高誉。

让位周国，但却躲不开荆蛮大众的拥戴。或许是泰伯给土著带来了先进的文化，抑或是泰伯让国的美名传颂，他的大义赢得了蛮夷大众的尊重，人们仍然把他尊为君长，于是泰伯自号“勾吴”，建立王国。等到姬昌（周文王）长大建立富强的周国时，泰伯还从海滨赶回去拜会过自己这位年轻有为的侄子。

泰伯在南方建立勾吴后，向江南百姓传授了先进的耕作技术，加上良好的治理，不出数年，当地百姓就很富裕了。为了自保，泰伯还组织建筑了相当有规模的城池，一般认为泰伯城大体位置在今天苏州城西北约二十公里处。周武王灭殷统率天下后，追尊古公为周太王，又派人寻找出走江南的泰伯、仲雍后裔，封仲雍的曾孙周章为诸侯，完成了周王朝正统的确认与沿袭。

泰伯无嗣，死后君位传给了弟弟仲雍。后来又历二十四世，到吴王阖闾，吴国的强盛到达顶峰，败越破楚，成就一时霸业。到了末代君主夫差，吴国锦绣绚烂的画卷又合上了……风云吊诡的历史，抒写了吴越春秋的传奇。

季子挂剑

千载湖山留正气。泰伯传王位给仲雍，到第十九世寿梦时，后世子孙中又出了一位贤人，这就是寿梦的第四个儿子季札。

寿梦有四个儿子：长子诸樊、次子馀祭、三子馀眛、四子季札。这次故事的发生与古公时候相似而又不同。同样是留下数让王位的佳话，不

同的是：古公时是因为其孙姬昌的缘故，而这次是因为寿梦最年幼的儿子季札；古公时是长兄相让，而这次是有希望继承王位者相让。季札聪明有才能，寿梦想把王位传给他。但是季札觉得这样做不合礼制，委婉拒绝了父亲的美意。寿梦去世前，对长子诸樊说，我一直想把王位传给季札，现在你们兄弟要次序传递，一定要传给季札，不要忘了我的话！

寿梦去世后，长子诸樊代理王位操办丧事，主持军国大事。等到父亲的丧事操办好后，就想把王位传给季札。季札说，管理一个国家，不是我的人生理想，我不想为了当国君而失去了节操。为了躲避哥哥的让位要求，季札甚至抛弃了家室，跑到乡下当农夫种田去了。看到弟弟如此坚持，诸樊也不再勉强，于是继承了王位。同时封季札于延陵和州来地区（大体在今天的常州一带），所以季札又被称为“延陵季子”。

后来，吴王诸樊在攻打楚国时战死，遵照父亲的遗愿，去世前把王位传给了弟弟馀祭。几年后，馀祭也死了，王位再传给老三馀昧。新执政的馀昧派弟弟季札出使中原诸国，了解各地民风，并通报吴国的王位承

袭情况。

通过《左传》等典籍的记载，我们可以看出季札的才华。季札先来到了鲁国，听闻鲁国还保留了部分周朝的乐舞，于是他想聆听和观摩一下。听了雅乐和各国弦歌之后，季札给出了高度评价，还表现了自己对周朝先祖礼乐的敬仰之情。孔子后来评论季札说，延陵季子，是吴国懂得礼节的人啊！

季札随后还访问了齐国、郑国、卫国和晋国。北游诸国，他遍交各地贤士，也通过对外交往，扩大了吴国的影响力。

馀昧在位十七年后去世，吴国人又想起了寿梦当年的遗愿，再一次想把王位沿袭给季札。这次，季札不仅再次推让，而且还逃走了。季札说："我不愿意接受君位，这是很清楚的事。虽然先王有遗愿，但是我已经决心做一个有道德、讲仁义的普通人了。请不要逼迫我！因为荣华富贵对我来说，不过像一阵秋风罢了。"

读史至此，我每每为春秋高义所感动。或许是泰伯遗风吧，吴国君主居然数度谦让，简直到了过分的地步。而季札虽然没有做君主，其高蹈的德懿却达到了个人的极致。他所展现的人格魅力，远远超过拥有江山社稷的高度。

汉代刘向还记载了季札挂剑的故事，再次印证了古先贤的道德魅力：

季札出访晋国时，路经徐国。当时，吴国的冶炼技术已经达到了很高水平，季札的佩剑亦十分名贵。徐国国君用欣羡的目光把玩了季札的佩剑，交还时流露出不舍的神情。季札当时没有表现出任何情绪来，就继续上路。因为作为使节，佩剑是身份的象征。等到出访返回再次路过徐国，季札专程拜会徐国国君。可惜的是，徐国国君刚刚因病去世。季札解下佩剑交给了徐君的继承人，说："当时我没有把剑献给先君，是因为出使需要，但是我的心早已许之。现在他去世了，我不献此剑，那就是对自我的欺骗，不是正直之人所为啊。”徐君的继承人说：“先君没有和我说起此事，我不能收下这把宝剑。”于是，季札就把剑挂在了徐君墓前的树上，默默地离开了。

造自泰伯，宣于延陵

中国的历史太长，纵览二十四史，为了王权，父子争位、兄弟阋墙，刀光剑影，屡见不鲜。权力让亲情泯灭，令人触目惊心。司马迁在《史记》里统计，仅仅春秋之中，“弑君三十六，亡国五十二，诸侯奔走不得保其社稷者不可胜数”。汉唐明清，烛影斧声、杀兄夺位、九王夺嫡之事更是多乎其多。而吴地从泰伯到季札，能够让位避权，坚持清白人格的做法，足以楷模后世，德泽千古。所以，西晋的文学家左思在《吴都赋》里写道：“吴之开国也，造自泰伯，宣于延陵。”这也是最准确而客观的评价。

当然，对泰伯南奔，近来学术界也有些不同的探讨。有人说史料所记的、泰伯当时奔的“吴地”，是离陕西不远的山西，所以才能返回奔丧、探亲；也有人质疑泰伯采药为何远赴衡山，到南方后又千里奔波往返——在上古时期，这是无法想象的。正如历史学家顾颉刚所说，历史是层累的堆砌，古史越到后来反倒越繁复，因为描摹和增添都是自然的。但不管如何，泰伯南行的历史轨迹基本是有逻辑可循的，有史迹传说，亦有典籍记载。

苏州乃至整个江南地区一直对泰伯和季札心怀景仰。作为先贤，他们开化文明，传播礼乐，用言行影响后人，所以今天的吴地，德风淳雅，风物清嘉，人文荟萃。正如西晋文学家陆机诗中写的那样：“泰伯导仁风，仲雍扬其波。”

伍子胥：一座城和一个人

和全国大部分地方一样，苏州人端午节也吃粽子。不过，和其他地区不同的是，太湖一带的人们，吃粽子却不是纪念楚国大夫屈原的——传说，苏州人端午节祭祀的是两千五百多年前江边自刎的先贤伍子胥。

说起来，伍子胥是个地地道道的新苏州人。他从楚国奔吴，协助吴王阖闾建立了不朽的功业，精兵强政、理水造田、疏浚河道，使吴国成为春秋时的强国。最重要的是，伍子胥还是苏州城市的总设计师，他组织监造的阖闾大城，是古城苏州最早的雏形。有专家考证，苏州城水陆双棋盘格局，主要位置和基础在两千多年前就奠定了，这在世界造城史上都不能不说是一个奇迹。

奔吴之路

伍子胥本名伍员，是春秋时期楚国人。他的父亲伍奢因为直谏楚平王废太子而获罪。楚平王不仅要杀死伍父，还要杀害他的两个儿子伍尚和伍员。哥哥伍尚主张以殉父为孝，投奔楚都郢城被杀；弟弟伍子胥主张以复仇为孝，辗转逃亡，投奔吴国。

歇后语里有“伍子胥过昭关——一夜白头”的说法，形容的就是伍

伍子胥塑像。《吴越春秋》记载了伍子胥奇伟的面貌：『身长一丈，腰十围，眉间一尺。』文字虽有些夸张，但是，伍子胥应当是一位膀大腰圆而又有头脑的壮汉子胥逃亡之路的艰辛。亡命之途自然九死一生，但即使只有一线生机也不能打消伍子胥复仇的决心。这其中，最难过的要数郑国的昭关（今安徽含山）了。《东周列国志》里这样记载：昼伏夜行奔逃的伍子胥来到重兵把守的昭关，看到关门口悬图缉拿自己，伍子胥一筹莫展。这时候，神医扁鹊的弟子东皋公认出了伍子胥，请他到家里暂避。陪他喝酒聊天，可就是不提过关的事。心急如焚的伍子胥一夜就愁白了头发。京剧著名唱段《文昭关》，把这一幕情景唱成了经典：杨宝森扮演的须生唱腔高亢，做派稳健，唱出了伍子胥的家国之悲和身世苍凉。其实呢，人家东皋公早有打算，一早就让好友皇甫纳与伍子胥换装，成功蒙混过关。

有关伍子胥逃亡的故事，汉代的两本古籍《吴越春秋》和《越绝书》记载得很详细。不知是上天悯人，还是英雄自有神助，有两个普通人给了患难的伍子胥极大的帮助。一次在江边，面对无法横渡的滔滔江水，伍子胥心急如焚。这时有位渔翁驾船出现，伍子胥忙献出随身宝剑，说："这把名剑价值百金，请送我渡江。"渔翁笑着说："楚王悬赏五万石粟米缉拿你，我要是爱财就不渡你过江了。"过江后，渔翁因为搭救楚国罪人，又不想泄露伍子胥的行踪，毅然自杀身亡。一介草民，竟有如此侠义之风，真是让人激赏！还有位给了他莫大帮助的人，是一个在濑水边洗棉絮的女子。那日，伍子胥走到濑水边，又饥又饿。这位妇人将自己竹篮里的饭食和浆水都给了伍子胥。临别，伍子胥叮嘱她不要泄露自己的踪迹。结果，当他走开五步后，女子也投水而死。为了掩护这个忠义的"罪人"，两名好心人都以性命相抵，足显情义之无价。

当然，伍子胥发迹后，也没有忘记两位好心人，他来到濑水边祭奠浣棉妇人，向水里投了好多金子；而伐郑路上，大兵压境，有一个自称是渔父之子的人当道唱歌，伍子胥听后说："其父有恩于我，上天苍苍，岂敢相忘。"于是撤兵而归。由此可见，伍子胥是一个爱憎分明的磊落之

位于老阊门东不远处的专诸巷是纪念勇士专诸的。据说清代还有人在巷子里发现了专诸的墓碑

士。后来他助吴兴霸，灭楚鞭墓，果然快意恩仇！

刺客和伍相

伍子胥是位真豪杰，奔逃路上也不忘慧眼识珠，发现了一位对兴吴霸业有重要作用的人才，此人即是专诸。

专诸是伍子胥在逃亡途中遇到的。当时，有万夫不当之勇的专诸正在和别人打架，忽听得老婆呼喊，就马上停下来回家了。伍子胥感到奇怪，拦住问为什么？专诸说：“我不是惧内，而是认为‘屈一人之下，必申万人之上’。”

砖画 专诸刺王僚的故事

子胥一听，这是位可用的勇士啊，再一看，专诸长得额头突起，眼睛深凹，虎背熊腰，好一副英武之貌，于是就和专诸结为好友。

且看伍子胥到了姑苏，是如何包装自己、巧妙登场的：他披发佯狂，跣足涂面，吹箫行乞于市。伍子胥穿得破破烂烂，装疯卖傻，其实是考验吴国人的眼光。果然，当时的公子光觊觎吴王大位，作为吴王寿梦长孙的他，正计划推翻堂弟吴王僚。街上管市场的官吏倒也不简单，他居然有相人之术，看出了伍子胥的不凡，便把他推荐给了公子光。公子光对伍子胥十分欣赏，两个人一见如故，在大殿上聊了三天三夜。公子光还曾经说过这样的话："今后吴国不论男女，不论贵贱，如果谁不听从伍子胥的教导，谁就等于不服从我，就是死罪，杀无赦！"

伍子胥知道了公子光的抱负，就向他推荐了勇士专诸。专诸愿意舍身成就公子大业，因此就设计了一个刺杀计策。原来僚是个美食家，没有别的爱好，就是贪恋美味，尤其喜欢吃烤鱼。于是，专诸就到太湖边，专心致志地学习烤鱼技术，三个月后，厨艺大有长进。

有一天，公子光忽然请吴王僚喝酒。吴王僚回来和母亲说了这件事，母亲说："我看公子光这人心气很高，常有愧恨之气，不可不防。"于是吴王僚穿了三层厚厚的甲胄，带着卫士来到公子光家。酒到酣处，公子光避席让专诸进献美味烤鱼。来到吴王僚跟前，专诸从烤鱼里抽出隐藏在鱼肠中的利剑，一剑刺穿他的胸甲。僚当场毙命，而专诸也被吴王僚的卫士当场击杀……于是，公子光即吴王位，这就是一代雄主吴王阖闾。

在伍子胥的支持下，阖闾夺得大位。他封专诸的儿子为行人，并任用伍子胥为相国，开始了兴吴伟业。

伍员筑城

吴王阖闾即位后，向伍子胥询问治国之道。伍子胥说出了他思考已久的方略，那就是："立城郭、设守备、实仓廪、治兵库。"（《吴越春秋》）这四点建议中，伍子胥认为最主要的就是筑城，因为城是聚民之基、霸业之础，也是一国经济文化的根本载体。阖闾采纳了伍子胥的建议，于是就有了阖闾大城（亦称吴大城）的建造计划。

据古籍史料记载和有关专家考证，阖闾大城建于公元前514年（这一年即成为苏州建城的纪年），前后一共建设了五年，建设过程也殊为不易。文献上提到伍子胥选址建城，一般离不开两个关键词："相土尝水"和"象天法地"。

"相土尝水"说的就是了解土质和水情。据说伍子胥亲自带人到处考察，挖井看泥土色泽质地，品尝井水味道，根据井水甘苦判断是否适合百姓居住生活。有一说法称：原来城址选在今日苏州的北郊，准备建城时发现这里地势低洼，地基很快就湿透了，于是放弃了在此地建城的打算，向南移了几十公里，选在了今日苏州古城的位置。2001年2月，苏州行政区划调整，把原吴县拆分，北郊增设相城区，即得名于此。"象天法

筑城群雕图

地”就是观天象、察地舆的意思。其实就是研究城市的坐落环境，周围山川、河流、湖泊对城市的影响。

阖闾大城的总体格局，按照古籍上的记载，是都城内筑有两小城，小城之周有大城，还有外郭环卫之。

阖闾大城的周长有四十七里（换算成今天的度制为十九千米），面积十四点二平方公里，与明清苏州古城面积大体吻合，城高约相当于如今五层楼的高度。《越绝书》上记吴大城陆门八，水门八。陆门八座，以象征“天之八风”；水门八座，以效法“地之八卦”。《吴地记》记载的八个城门是这样分布的：“西阊、胥二门，南盘、蛇二门，东娄、匠二门，北

齐、平二门。”这些城门的命名也是很有意思的。西城墙的北门叫阊门，是取“阊阖天地之气”的意思。到明清时，阊门外因运河之利，成为南北交通商贸要冲，繁盛一时，就是《红楼梦》中描绘的“红尘中一二等富贵风流之地”。按照八卦方位，吴国属龙，于是把西南门取名为蟠门（即盘门），刻木龙于其上；而越国属蛇，在吴国的东南方，因而东南门名为蛇门，竖立一个面朝北方的木蛇，表示越国向吴国朝觐。事实上，吴越争霸上演了一幕幕春秋大戏，让人扼腕叹息又悲喜交集。和阊门并行的还有胥门，至今还有遗址。有人说这是为纪念伍子胥而命名的，但在当时，伍子胥是不会用自己的名字来命名城门的，当是因正对姑胥山而名，这也是姑苏城名的来历。至于后人纪念伍子胥，以胥门命名，则是借此谐音罢了。城北面的门分别叫作平门和齐门，或许有平齐灭鲁之意了。

伍子胥建造的苏州古城，是座土城，到了唐朝才用砖修建——在隋朝时还曾迁建于横山东，唐初迁回现址，至今未变。值得称道的是，古城一直保持着三横四直的水陆格局，直到宋代最早的城市图碑《平江图》上都赫然在刻，《平江图》也成为古城研究的重要文献。苏州古城的神奇还在于水陆便捷，水网沟渠畅通，很多古街都有“雨天不湿绣花鞋”的谚语流传。苏州濒临三江五湖，但两千年来古城从未遭遇大的水害，让人啧啧称奇。明代，苏州和杭州并称“人间天堂”，不知是否与伍子胥当年选址看好的绝佳风水有关系？

近年来，江苏省内某市也提出了阖闾大城在当地的说法，还重金聘请了不少专家学者考古论证，此事也一度引发争论。其实阖闾时代建造了很多小的城垒，考古发现只是一个方面，一个面积不到四平方公里的小城不能颠覆众多文献史籍的翔实、准确记载（关于虎丘、狮子山等地理坐标在古书上多有确认），著名史学家顾颉刚先生也早有定论。苏州古城是吴文化中心区域的地位不容撼动，所以也就没有争辩的必要了。

1958年，苏州在大炼钢铁的喧闹声里，拆毁了四周的明代的古城墙，建炼钢土炉。1982年，苏州成为首批国家历史文化名城。2004年，世界遗产大会在苏州召开后，苏州复建部分城门遗址，恢复风貌。2012年8月，江苏省政府批复设立苏州国家历史文化名城保护区。

胥江滔滔

吴王阖闾采纳了伍子胥的富国强兵之策后，短短几年，吴国果然强大起来了。伍子胥也迎来了人生最辉煌的时期，他要建功业、复家仇。时机成熟后，阖闾开始兴吴霸业，准备西攻楚国，这时伍子胥又向吴王推荐了第二个人才孙武。

凭借着坚甲利兵，孙武和伍子胥分兵攻打楚国，十五战十五胜。楚昭王逃亡到随国、郑国。当时楚平王已死，伍子胥带领六千士兵，来到平王墓前，号令士兵鞭打楚王墓数百下，以报父兄之仇。据说伍子胥一边打一边说："当年我的先人没有罪，且一片忠心，却被你杀掉了，今天我要以此报仇！"这个是《越绝书》的记载。《吴越春秋》则把伍子胥描述成掘墓之贼，说他把楚平王从棺材里挖出来鞭尸三百，还左脚踩着平王的肚子，右手把尸体上的眼睛抉出来，骂他有眼无珠，冤杀忠臣。其实，我更愿意相信前面的记载，因为作为臣下，结合伍子胥后来对夫差的反应，伍子胥看重君臣之礼，鞭墓已经是最重的惩罚，用这样的手段对付曾经的楚王，已经足够了！

阖闾死后，伍子胥又辅佐夫差成功打败越国，成为春秋强国。后来，因夫差不听伍子胥的劝告，听任越国求和，放回了越王勾践，给了越国以喘息复仇的机会。而夫差听信谗言，酒色误国，不听伍子胥直谏，开始疏远他。再到后来，吴国胜齐国，得意还朝，子胥因反复唠叨提醒警惕

苏州和伍子胥相关的地名有胥口、胥江等。滔滔胥江，流传着伍相的故事

越国，惹怒夫差。夫差赐给伍子胥一把宝剑，令其自刎。

古书上记载，伍子胥临死前曾说，请把我的头颅挂在吴城的西城墙上，我要亲眼看着越国的兵士破城灭吴。

听说吴王赐死了伍子胥，经过十年卧薪尝胆的勾践果然起兵，大败吴国，夫差国破自杀。伍子胥关于越将灭吴的预言得到了验证。

据说，伍子胥死后，吴王用皮革裹着伍子胥的尸体，使其浮于江上。吴地百姓可怜、敬佩兴国造城的伍子胥，在江边立祠纪念。此后，人们每年端午都祭祀伍相。伍子胥后来还被江南百姓敬为江神和潮神。不独苏州，杭州吴山也有伍子胥祠，把他奉为钱塘潮神来祭祀。

对伍子胥来说，他奠基的这座城，今天依然魅力十足，惊艳世界。而这座苏州古城，应该就是他最有意义的纪念碑。今人保护好古城，就是对他最好的怀念。

范仲淹：万家忧乐，千古范公

苏州古城南北主干道人民路，以前叫卧龙街（清代又称护龙街），人民路南端有座文庙，是中国最早的府学之一。清代张紫琳在笔记《红兰逸乘》里说，懂堪舆学的人认为，卧龙街为龙身，北寺塔为尾，府学为首，双塔为角，还说府学正门前的双井是龙的眼睛。因此也有人附会说，苏州自古人文荟萃，是状元之乡、文化之邦，都是因为苏州文庙和府学的风水好，占据龙首，所以才代不乏人。

如果这个说法真有些意味的话，那么苏州人真该感谢一个人，他就是有宋一代为人景仰的名臣范仲淹。正是他创办了苏州府学，大力开展公共教育，从而德泽江南，惠及百代。当然，这位在政治、军事和文学上都颇有造诣的一代名贤，留给故乡姑苏的还远远不止这些——他以忧乐天下的胸襟、施义重教的情怀和持正抗虏的胆气，彪炳史册，垂范千秋。

立德：德泽江南，惠及百代

范仲淹四十六岁那年，从外地回到苏州任知州。当时他想在苏州买宅安家，看中了南园的一块荒地，请人堪舆地理。风水师对他说，这块地在卧龙街（今人民路）之南，是风水上佳的好地，有龙首之气，如果建

范仲淹画像 佚名绘

房安家会世代出高官的。范仲淹听后，沉吟半晌说：“如果是这样的话，那只有我一家富贵，不如改建一所学校，让本地人都受教育，都能富贵，岂不是更好？”

于是范仲淹奏请皇帝，在苏州建立州学（苏州称平江府后，改称府学），并把南园这块准备安家的宝地捐献出来作为校址。占地一百多亩的学校建好后，人们议论说，房子建得太多了。范仲淹说，将来学生多了，或许还嫌少呢。之后，他又延请当时著名学者胡瑗等人来给生员授课。中国从宋代才开始在州县设立官学，而苏州也成为地方教育重要的发端地之一，后人评价说：“天下有学自吴郡始。”

据说，范仲淹对州学十分重视，制定了严格的学规。因为很多富家子弟都不遵守规矩，他就带头把儿子范纯祐送到学堂循规听课，其他学

一世之師
居廟堂之高則憂其民
處江湖之遠則憂其君

子于是就安分了。范仲淹从政三十多年，在为官所到之处，如安徽广德、河南商丘、江西鄱阳、浙江绍兴，都大力办学。说他是政治家，不如说他是位教育家。范仲淹认为，国家之患，莫过于人才匮乏，而要培植人才，无过于多多办学。

那么，范仲淹为何如此重视教育、注重人才呢？这和他少年时的成长经历有关。

范家祖辈都是苏州人，范仲淹的父亲在五代吴越王钱俶手下为官。范仲淹两岁时，任职徐州的父亲不幸病逝，在好心人的协助下，母亲与范仲淹扶柩返回苏州。把范父安葬在祖茔天平山后，孤儿寡母就在山脚附近的尼姑庵堂里落脚。母亲靠为人缝洗衣裳养家糊口，母子俩时常吃野菜糊糊度日。范仲淹四岁时，为生计所迫的母亲带着他改嫁给来苏做官的朱文翰，后来一起到继父的老家山东长山，范仲淹也改名朱说。

由于随母改嫁，幼时范仲淹受到不少歧视。他小时曾经辍学去学过一段时间的生意，但还是喜欢读书，于是到长白山上的醴泉寺里学习。由于家里给的体己粮食不多，他每天只煮一锅米粥，等冷凝后划成四块，伴着韭菜末，再加点盐，早晚各吃两块。这就是著名的“断齑画粥”故事，它和“囊萤映雪”、“凿壁偷光”一样，激励着一代代贫寒学子，勤奋成才。

后来，范仲淹了解到自己的身世，更加刻苦。他辞别母亲到南都（今河南商丘）的应天府书院求学。据说他五年未解衣就枕，甚至一日一粥，有时读书疲乏了，就冷水浇面，驱除倦意。在学院求学时，有一天皇帝来视察，学舍里的同学们都冲出去看，只有他不为所动，专心读书。别人都说：“朱说，你怎么不去看天子啊？”范仲淹说：“以后再看也不迟。”功夫不负勤学人，大中祥符八年(1015)，范仲淹考中进士，开始了仕途生涯。次年，他把老母亲接来赡养，并奏明朝廷，恢复了祖上的范姓，取名仲淹，字希文。

或许是少年时曲折艰难的求学经历，让范仲淹一生重视教育，千方百计创造培育人才的条件。

立功：经纶世务，镇守边关

据说范仲淹幼时曾经到庙里扶乩，问："我这辈子可能当个良相吗？"神明回应："不能！"又问："那么，能成为一代良医吗？"神明没有给予明示。"不为良相，即为良医"是他济世救民的抱负和理想。后来，范仲淹官至参知政事，相当于副宰相一级的官职，也算是实现了他大半的志向。

在三十多年的仕途生涯里，范仲淹在地方上关心民疾，切实解决民生问题，受到后世称颂。在担任泰州地区的盐官时，他发现泰州、楚州和通州地区因在淮河以南，又东临黄海，常受水患威胁，每逢潮泛，当地居民常常扶老携幼外出逃难。在做了实地调查后，范仲淹上书地方官员并奏请朝廷，组织了这三个地方的四万民夫，历时三年，修复了一百五十多公里的捍海堰。这个浩大的海防工程，确保了数万亩农田和盐场的安全，为数十万百姓造福。至今，泰州还有范仲淹祠堂，当地人亲切地把至今还发挥作用的捍海堰称为范公堤。它和杭州苏堤、苏州山塘一样，都是刻在民众心中的无字功碑。

范仲淹任职苏州时，江南遭遇了暴雨和洪灾，太湖泛滥，淹没农田，秋收无望。经过踏勘，范仲淹发现太湖注入长江的渠道原来只有一条吴淞江，泄洪不畅。于是，他组织凿通运河，又增加了元和塘、娄江来解决太湖洪水排泄问题。通过打通整个太湖水系，范仲淹从根本上解决了

苏、湖、常、秀诸州的水患，为“苏湖熟，天下足”提供了保障。江南的鱼米之乡，自此再无大的水灾，安定千年。

范仲淹不但是一位经纶世务的良吏，而且还是一位胸有韬略、镇守边关的英杰。北宋时党项族建立的西夏崛起，侵犯西北边境。朝廷不得不起用因直言遭贬的范仲淹担任龙图阁学士兼延州知州，与名将韩琦共戍西北。面对强悍入侵的西夏兵将，范仲淹对内修固边城，精练兵卒，提升士气；对外坚壁清野，封锁交通，等待时机。通过一个阶段的持久战，范、韩几次出击，挫败了敌人的锐气，加上对西夏的经济封锁，对外联动羌族等少数民族，最终使西夏不得不向宋朝求和，双方达成了边境贸易协定。当时边境军中流行这样一句民谣：“军中有一韩，西贼闻之心

先天下之憂而憂
後天下之樂而樂
公元一九八九年九月口日建

位于天平山下的『先天下之忧而忧，后天下之乐而乐』石牌坊

胆寒；军中有一范，西贼闻之惊破胆。”

兵书上说，“上攻伐谋，不战而屈人之兵”是最厉害的。

立言：先忧后乐

一个人，读书留下勤学刻苦的励志身影，做官也颇有政声，守边则成为威震一方的将军，从古人要求的功德言三不朽来说，范仲淹基本上都符合了，但范仲淹的仕途其实并非一帆风顺。他在担任参知政事后，主持庆历新政，主张改革“冗官、冗兵、冗费”，提出十条“当世急务”，这对保守派是一个重大的冲击，因此受到了政敌的激烈反对。改革失败后，范仲淹所属的庆历改革派被保守派多次弹劾，他也因此遭贬谪。个人的宠辱，身世的沉浮，在家国天下面前，其实都不算什么。

庆历四年（1044）春，新政失败后，在给同样迁谪的好友滕子京的一篇文章里，范仲淹抒发了无论高居庙堂还是身处江湖时都怀有的进退之忧，并说：“先天下之忧而忧，后天下之乐而乐。”

“不以物喜，不以己悲。”这篇文字，千古绝唱，不仅文采飞扬，而且气魄宏大，胸襟坦荡。有意思的是，范仲淹从未身临其境，仅凭观图而写成这篇《岳阳楼记》，居然为岳阳楼做了天下最好的推广，使其成为千古文化名楼。“登斯楼也，微斯人，吾谁与归？”八百多年后，有一名青年登上湖南岳麓山，四望神州灯火，吟出了“四面云山来眼底，万家忧乐在心头”的句子，问苍茫大地，谁主沉浮？这位青年就是毛泽东，不知他是否受到了范仲淹忧乐天下的启发？

除了《岳阳楼记》文采斐然外，范仲淹生在北宋，正是宋词的青春年代，他自然也留下了许多名篇。像《渔家傲·秋思》，应该就是范仲淹镇守延州的写照：塞下秋风，衡阳雁去，浊酒燕然，将军白发，思乡当怀故国江南。还有一首《苏幕遮·怀旧》，也写得婉约凄清。有学者考证，词中“碧云天，黄叶地”等句，直接触发了王实甫《西厢记》里的秋思闺怨。

再让视线回到苏州。晚年，范仲淹看到范氏族人贫富不均，彼此缺乏接济，于是就和同父异母的哥哥商量，集资在府城周围买了千亩好地作为“义田”。请族里年长的人主持，把每年的收入集中起来，用于宗族子女教育的私塾开销，对婚丧嫁娶和家庭困难者也给予帮助。据说，宗族“义田”制度就是从范公开始的，这点对后来整个中国的士绅制度和乡村稳固都起到了作用。

范仲淹还在苏州建立义庄，用以赈济贫民。今天，范氏义庄的旧址变成了景范中学，前面一条街，被称为范庄前。

范仲淹六十一岁病故在赴任的路上，安葬于洛阳。有人算过，宋代高级文官的收入应该颇丰，但范仲淹却十分简朴。《宋史》上说他为官清简，家里不来客人不吃肉，就是做到高官后家里都不设乐队，府内布衣淡食，仅够自给。他把皇帝奖励的钱都奖给了士兵将佐，把自己的俸禄都用在了捐献府学、购买义田、兴建义庄上。就是临终的遗表，他都没有提任何个人要求，关心的都是家国大事。

范仲淹死后，宋仁宗给了他极大的哀荣，谥号文正，追封国公，并把安葬范氏祖坟的天平山作为家山封给范家，此山因此又称范坟山。每到秋来，枫叶似火，丹黄掩映。山麓有范公祠堂和乾隆题名的高义园等旧迹，供历代名士游人瞻仰。

自宋氏南迁后至清朝，历代均有帝王和官员到天平山祭祀范仲淹的记载。而今每隔数年，分散在海内外各地的范氏后人也都到天平山瞻仰先祖，祭祀范文正公。

一代先贤，牵挂万家忧乐，高山仰止，景行行止。

翁同龢：状元宰辅与两朝帝师

光绪二十四年（1898）夏，清光绪皇帝颁诏宣布变法，史称“戊戌变法”，这在中国近代史上是一个重要的转折点。而草拟这份震惊海内的《定国是诏》者，就是苏州常熟籍状元，时任军机首辅、总理衙门大臣的翁同龢。

翁同龢早年接受正统的儒家教育，饱读经史，娴熟诗文，尤擅书法。曾先后担任同治、光绪两代帝师，他以江南人特有的灵活睿智和谨慎务实，浮沉宦海四十多年，在晚清复杂的政治漩涡中被抛到过浪巅，也曾在谷底挣扎。他是当时许多重要历史事件的亲历者和见证人。有历史学者甚至说，翁同龢和他生活的时代，几乎和中国近代史相始终。

文脉渊长

常熟古称琴川，虞山尚湖山水清嘉，文脉不绝。

虞山脚下古城西翁家巷口有翁氏老宅彩衣堂，今已辟为翁同龢纪念馆。不过翁同龢并不是在这里出生的，他于道光十四年（1834）出生在北京，八岁时父亲辞官，翁同龢随父回到江南祖宅。翁家在常熟可是大户人家，身世显赫。父亲翁心存是咸丰、同治两朝大学士，同时是两位皇

翁文恭公遗像。翁同龢，晚清政坛的重要人物，字叔平，号松禅，逝世后追谥文恭

翁文恭公遺像

門下士張元濟敬題

綵衣堂
綿世澤莫如為善
振家聲還是讀書

帝的老师——看来翁家做帝师是有遗传的。翁同龢大哥翁同书是安徽巡抚，二哥翁同爵曾任陕西、湖北巡抚，署理湖广总督。瞧这一家子，不是皇帝的老师就是省部级高官。因家风尚学，翁同龢二十六岁时以一甲一名状元及第，更是光耀门楣。尤其厉害的是，没过几年，他的侄子翁曾源也中了状元，进入翰林院（后因病归乡休养）。十几年后，翁同龢的侄孙也中了进士，授翰林院检讨。至此，翁家四代入翰林，两位中状元，显赫家族，一时无两。

据说翁同龢中状元还有一个故事：翁同龢殿试的前一晚，因为家里离皇宫远，为了就近方便，父亲翁心存找到家离皇宫近的户部尚书孙瑞珍，让儿子住到孙瑞珍家。碰巧孙尚书的儿子也要一同参加殿试。这个故事里的孙尚书有点腹黑，他自觉儿子不敌翁同龢，就打了个小算盘。晚上，孙瑞珍设家宴款待翁公子。孙尚书摆出长者之尊，把翁同龢灌得昏昏沉沉，而孙尚书的儿子早就离席休息了。晚饭后，孙尚书又把翁同龢叫到书房，貌似好心地把考场规矩、禁忌对翁同龢讲了多遍，直到天色很晚才安排翁同龢去睡觉。次日上午，一夜没有休息好的翁同龢在考场上果然晕乎乎的，这该如何是好？他忽然想起，临行之前，祖母曾悄悄在行李里给他塞了两根人参，助他提神醒脑。于是，翁同龢赶紧在口里嚼了一支人参。不一会儿，感到神清气爽，精神倍增，思如泉涌。待到揭榜之日，没想到，翁同龢竟然高中状元！翁家人自此迷信人参为宝，几年之后，他的侄子翁曾源参加殿试之时，据说吃了剩下的那根人参，竟然又中了状元！

这个故事是野史记载，博人一笑罢了。归根结底不是人参的功效，还是家族遗传和学风熏陶，才让常熟翁氏文脉渊长，四世不绝。

两朝帝师

翁同龢历任内阁大学士、工部尚书、兵部尚书、户部尚书，两入军机处，是光绪朝的重臣。作为状元，他从天子门生到“门生天子”，成就了中国旧时文人的最高理想。而官至畿辅，不但门生故吏遍天下，而且成为两代帝王之师，可见其道德和学问都是靠得住的。

咸丰十一年（1861），年仅六岁的同治帝即位后在弘德殿读书，两宫皇太后开始垂帘听政。作为汉学师傅，翁同龢日受重视，被封为弘德殿行走。两宫皇太后在养心殿召见了翁师傅，当着同治小皇帝的面，勉励他“尽心教导”，同时规劝同治帝要听话，不能淘气。

翁同龢深深知道，身为帝师，责系社稷，如何造就一代明君圣主，关系到国家的前途命运。做皇帝的老师，也是很不容易的。据翁同龢的日记记载，每日早上四点就要到殿“入值”，下午四点才能回家。一年四季，只有过年和元宵节可休息数日，此外除非生病，几乎日日如此。翁同龢的讲授受到了皇帝和太后的好评，被赞为“讲授有方”、“入值甚勤”。帝师责任重，对小皇帝只能委婉教导，不能直面批评。皇帝贵为天子，身边有很多伴读的贵胄子弟，一方面是考虑到同龄学子之间可以切磋学问，另一方面，如果皇帝顽皮不好好读书，师傅就指桑骂槐地批评伴学子弟，间接地批评和规劝小皇帝收心读书。非常可惜的是，同治帝亲政后，由于受到了贴身太监的教唆，偷偷出宫逛妓院，不幸感染了梅毒，对外则称出了天花。同治十三年农历十二月初五，也就是公元1875年1月12日，同治皇帝病逝。后人研究翁同龢的日记，分析其中所记的皇帝病状和所用中药，得出同治皇帝确系性病致死的结论。可惜翁师傅培植尧舜的一腔热忱，最后换来的却是春水东流。

入值弘德殿期间，翁同龢已由詹事府右中允特授侍讲，擢国子监祭

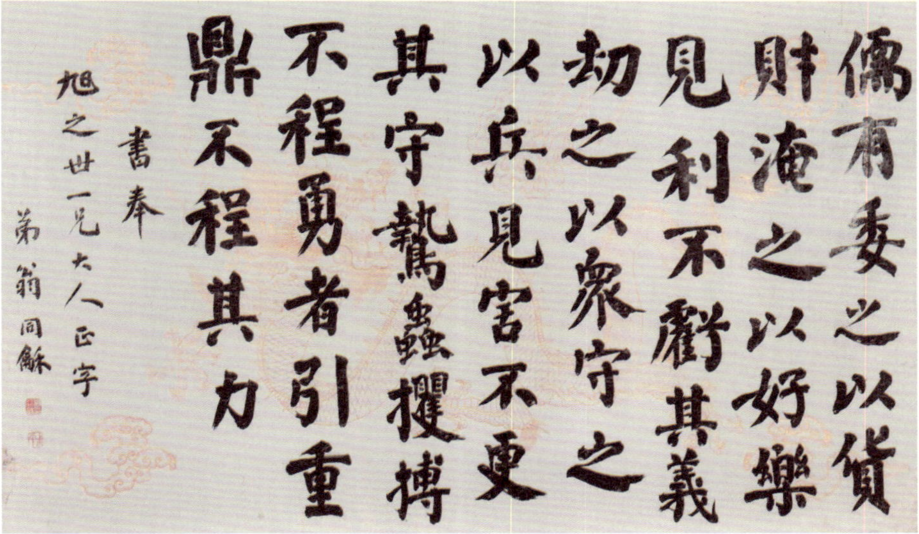

酒、太仆寺正卿，累迁内阁学士。同治帝亲政后，推恩赏给头品顶戴。同治驾崩后，因为无后，两宫皇太后指定醇亲王奕譞之子载湉继位，这就是光绪皇帝。四岁的小皇帝无法主政，因此仍由两宫皇太后垂帘。

翁同龢又被两宫任命为毓庆宫行走之一，继续担任帝师，教光绪帝读书。因洋务运动启蒙，翁同龢在给光绪讲解四书、五经外，还安排了一些中外历史、地理、科技等新学课程。光绪帝本身天资较咸丰、同治均高，再加上翁同龢等满汉师傅的循循善诱，因此慈禧多次考察光绪的功课，光绪都能对答如流，且举止品性都很好，让太后十分满意。

和张居正与万历的师生关系不同，翁同龢和光绪在教学中产生了极深的情感。光绪三年（1877），翁同龢请假回籍修墓，离京两个月。回京后，光绪帝见到翁师傅的第一句话就是：“吾思汝久矣！”这句话，感动得翁同龢老泪纵横。光绪五年的腊月二十四，光绪帝亲笔书写了大红的

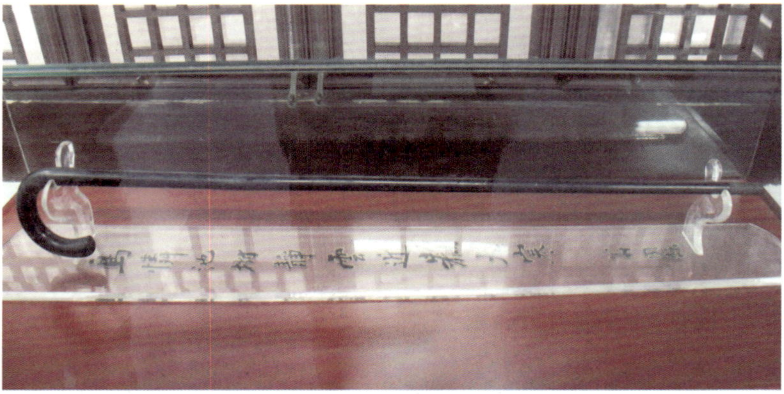

翁同龢用过的手杖

“福”、“寿”两字送给翁师傅。小皇帝还将“福”字从老师头上、身上反复来回拖了两遍，意味“全身福”的口彩，令翁同龢十分欣慰。

平反冤案

翁同龢的官宦生涯中，还有一件值得一提的事。他在担任刑部右侍郎的时候，平反厘清了一件轰动全国的重案，那就是被称为“晚清四大冤案”之首的杨乃武与小白菜的案子。

此案发生在同治十二年（1873），杨乃武本是一名举人，曾经包揽诉讼，因为反对“踢斛淋尖”等事，得罪县官刘锡彤。毕秀姑（小白菜）夫妇租居杨家房屋，丈夫葛小大外出揽工，杨姐淑英常邀秀姑同桌共餐，且杨乃武常窗下授经教书，瓜田李下，引来乡中无赖“羊吃白菜”之讥。后来秀姑丈夫暴死，名士、美妇、命案加上众口铄金的谣言，在威逼刑厉之下，余杭知县刘锡彤借机诬杨乃武为奸夫，屈打成招定为“谋夫夺妇”之罪。定案后，杨乃武再想翻案，面对的就是强大的国家机器了。经杭州知府、浙江巡抚、刑部侍郎三审具结，草率奏报，使杨白一案，沉冤难洗。在杨乃武姐姐去北京告了两次御状后，加上《申报》的跟踪报道，舆论聚焦，案子似乎有了转机。刑部重审后，发回浙江再审，杨、白翻供，不能结案。此时，案子历时三载，七审七决，都无定论，极尽曲折，惊动了慈禧太后。老佛爷要求刑部会审，这时翁同龢接受了任务。

据翁同龢日记记载，一天晚上，翁同龢睡不着，到刑部公署细细阅卷，发现供词里和原来诉状里有四处不能吻合的疑点，于是，他一一标出这些细节。后来，翁同龢细究了杨姐的呈词和浙江绅士的联名控诉，并走访听取了浙籍京官和刑部经办人员的各种意见，经过再次讯问犯人，调查证人，重新检验死者尸骨，终于查清葛小大系病死而非中毒死亡的事实。至此，杨乃武与小白菜冤案大白天下。

据说，翁同龢平复此案阻力重重，连慈禧太后都被下属蒙骗。结案后，知县刘锡彤被发配黑龙江，知府被革，其余均有处分。杨乃武落下残疾，前程尽毁，写字看风水度日，小白菜十指受刑伤残，出家为尼，苦度余生。

杨白一案，轰动当时。百余年来，一直是民间演义、评弹小说和戏曲艺人演出的重要素材。此案假如没有翁侍郎的细致和坚持，估计就会石沉大海，永埋九泉。可见翁同龢为官谨慎细致，公正不阿，这也为他日后入主军机奠定了基础。

六十年中事，伤心到盖棺

翁同龢一生经历了许多重大事件，他是晚清历史的见证者，也是重要的记录者，因为他从咸丰八年起（1858）至光绪三十年（1904）年去世，坚持每天写日记，长达四十七年之久，几无间断。日记间涉军国政事、经济社会、宫闱秘事、世态人情，既有治学论文、品书读画，也有朋

翁同龢在北京常昭会馆与常熟籍京官合影

僚交游、家庭生活，甚至刑部的审理狱讼、工部的陵寝工程、户部的度支奏销等事务，包罗极广，巨细无漏。尽管晚年被罢黜回乡，为了避祸，也做了些许修订掩饰，但日记所载可以和清史档案相印证，其时间、地点、事实基本确凿无误。因此，他的日记有很高的历史价值，为近代史研究者所重视。

作为清廷重臣，翁同龢在两次重大的历史事件中，都扮演了极其重要的角色：甲午战争和“戊戌变法”。这两次历史事件，不但是清帝国的命运的重要节点，也间接影响了后世的中国。

甲午战争前夕，清帝国已经初步形成了帝后两党纷争的格局。翁同龢作为户部尚书，力主清军出战朝鲜，而李鸿章深知军力疲乏、装备落后，有退忍之心。后来，光绪帝在主战派的推动下，命令北洋海军迎战日军，直接导致了甲午中日战争中清军的失利。有人把翁同龢主战引申为翁李矛盾，有战胜与否都能牵制在太后面前日渐得宠的李鸿章之说。其实，翁同龢作为儒家文士，务本持守，忠君爱国，自然主张驱逐蛮夷。他早在中法战争时就是坚定的主战派，为此还曾被逐出军机处。而翁李矛盾的说法，见诸史家研究、时人笔记传闻。起因是咸丰年间，李鸿章弹劾过安徽巡抚、翁同龢的哥哥翁同书。罪一是翁同书面对太平军进攻临阵脱逃；罪二是其在处理地方团练械斗问题时出现重大失误，导致地方团练之间发生重大的人员伤亡。客观地说，这两件事情，翁同书都应该被问责治罪。

持此论者，甚至搬出光绪帝劝解翁同龢不要因私废公之论。更有人称，翁同龢利用户部实权，克扣了每年白银四百万两的北洋海军军费，导致清军装备落伍。而研究者发现，海军衙门在名义上统筹南北洋海军人事、财政大权，事实上却被慈禧太后的心腹醇亲王奕谡掌控，且翁同龢执掌户部是在海军衙门成立一年之后。也就是说，拨给北洋海军的钱都是由七王爷管着，翁同龢是管不了的。光绪皇帝亲政后，醇亲王拿了北洋海军的军费去操练昆明湖水师，为慈禧庆寿。所以翁同龢在日记里发牢骚："以渤海换昆明湖，以南洋换万寿山。"南洋指的是开平矿务局的财政收入；渤海指的是北洋海军的军费。对试图力挽狂澜的翁同龢，总体评价应该是正面的，当然，这绝不等于认为主战即爱国、主和即卖国。和与战，应该视具体情况而定。

翁、李作为晚清两位肱股之臣，如果有矛盾，也并不奇怪。因此，持论公正的史家多采用彼此是政见不和之争。戚其章先生在《晚清史治要》中是这样评断的："甲午战争爆发之前，翁主张预筹战备，以备不测，李则认为有万国公法在，日本不敢悍然挑起衅端；战争初起时，翁倾向主战，李则寄希望于列国调停，以息战讲和；黄海之战后，李仍相信俄国能保朝鲜，翁则对此表示怀疑，认为恐不足恃……翁李确实政见不同。"

書屋
史記
魏書
隋書
遼史
金史

翁同龢故居里的
晋阳书屋

这样看来，简单地把个人家族恩怨放在翁李两人身上，似乎都过低地评判了两位宦海浮沉、经验丰富的政治人物。其实，不能忽视的还有人性的复杂。从某种程度上来说，翁同龢与李鸿章肯定有政争，但又彼此体谅，惺惺相惜。甲午战争爆发之后，朝臣多有指责李鸿章避战误国的弹劾，翁同龢在日记写道，此类批评“多传闻失实”；而当有官员主张立即撤换李鸿章时，翁同龢则认为：“环顾盈廷，实无人可代此任者。”据记载，甲午战败后，翁同龢与李鸿章曾多次互访，“相与咨嗟，甚至涕也”。

从政多年，目睹晚清社会颓废现状，翁同龢蒿目时艰，苦心焦虑，支持光绪皇帝变法维新。不过，翁同龢虽为家国计，不惜一品身价主动晤谈康有为，但其日记里对康有为的前后评价却并不统一。倒是康有为在自己的书信里以及与人对谈时，多处提及翁同龢，并称其为“中国维新第一导师”。因此，有“戊戌变法”时“举荐贤才”之说。但是，现在史学界考证认为康的有关“戊戌变法”的著作和言论，很多不符事实。

细读翁同龢起草的《定国是诏》，可以看出，翁同龢对变法维新的态度与康梁乃至光绪帝是有区别的。也就是说，翁用“定国是”，坚持“守旧图新”；而康梁则强调变法，政治改革的幅度要大。翁其实主张的是从教育根本上改革，和光绪等人依靠诏书想要达到的目的是有距离的。当然，即使是这样，翁同龢的变革理念也足以让依附千年科举的守旧文官系统崩溃了，对光绪皇帝下定决心维新，也是重要的支撑。

研究者发现，翁同龢作为维新变革的第一级推动的目的已经达到，但到了后来，他已经成为帝后两党共同的障碍了。翁同龢起草诏书后的第四天，正是其六十五岁的生日。那天，京师下了绵绵春雨，他在日记里记载当夜“喜而不寐”。或许，他从北方大地久旱逢甘的联想，看到了未来大清帝国的微渺希望？哪想到，光绪二十四年（1898）四月二十八日清早，翁同龢就接到了皇帝的上谕，说他“任意可否，喜怒无常，词色渐露，实属狂妄任性，断难胜枢机之任。……着即开缺回籍，以示保全”。

翁同龢集内外矛盾于一身，在帝后权奸之间，在大清帝国内外交困之中，他试图缓解，但最终未能解决，个性中的书生委曲，也是中国传统知识分子的一次绝唱。台湾历史作家高阳评价：“有原则而不能坚持，既从权又不甚彻底，一己清名之一念盘亘胸中而不能去，往往动辄得咎，两面不讨好，既误己，又误国，为翁同龢一生大病。”

“开缺回籍”后，翁同龢回到家乡常熟，但江南的丽水温山也不能疗疴。“戊戌政变”后，想到师生之源，慈禧对翁师傅更是恨之入骨，又下旨，把翁同龢交给地方官严加管束，不能乱说乱动。光绪三十年（1904）夏，在风云变幻中饱经忧患的翁同龢，满怀抑郁和凄怆与世长辞了。临终前，他口占一绝：“六十年中事，伤心到盖棺。不将两行泪，轻向汝曹弹。”短短四句话，道尽了这位松禅老人的宦海沉浮和无限忧伤。翁同龢死后，安葬在虞山鹁鸽峰下翁氏祖茔旁。

或许是为排遣寂寞，自抒胸臆，翁同龢在家中闲居时，书法突飞猛进。时人对翁同龢的书法评价为：“书法遒劲，天骨开张。幼学欧、褚，中年致力于颜真卿，更出入苏、米。工诗，间作画，尤以书法名世。晚年沉浸汉隶，为同、光书家第一。”尤其值得一说的是，翁同龢为官四十多年，两朝帝师，状元宰辅，位极人臣，尊荣无比，且任户部尚书，主管全国财政十余年，开缺回籍后居然清风两袖，囊无余资。据翁同龢日记记载，翁同龢的晚年生活，尚需子侄和门生接济，甚至典卖字画度日。从这个角度上看，翁同龢的道德操守、清廉官品，也是值得后世嘉许的。

翁同龢死后多年，在门生弟子的努力下，末代皇帝溥仪追赐其谥号文恭，又复其原职。这对一世忠君爱国的翁同龢，聊算安慰罢了。

贰

隐者名节

——俭静修德成大我

隐逸文化是中国古代一种独特的文化现象。与“隐逸”相关的人群是“士”。士人用隐逸的态度来保持人格独立、批判现实。苏州是一个有着隐逸情怀的城市。这个城市文化厚重，适合大隐隐于市；这个城市山水清嘉，适合藏名深林中。孙武、张翰、陆龟蒙、郑思肖、徐枋……这些被后人奉为贤人的隐者，他们的隐不仅仅是为了放松紧绷的神经，舒展负累的心灵，更是为了坚持自我，坚守操行，追寻精神的自由。

孙武画像 佚名绘

孙武：辟隐江南的一代兵圣

知己知彼，百战不殆。

漫长的中国历史，朝代更迭，政权大多是靠武力获取的。或许是生存与发展的需要，汉民族留下了很多关于政治军事的谋略智慧。春秋战国时期，百家争鸣，诸子辉耀，出现了儒家、道家、法家、墨家、阴阳家等诸多流派。这其中，就有十分重要的兵家，代表人物就是孙武，也被称作孙子，他的兵学思想被总结完善为《孙子兵法》。此书经历代添加补充，最多时有八十二篇，到了东汉末年，被喜爱兵书韬略的曹操删减为十三篇。

《孙子兵法》被后世尊为“兵学圣典”，受到历代军事家的推崇，甚至到了现代，也一直是政治谋略和市场商战的指南。

出山

有趣的是，由于年代久远和记述纷乱，《孙子兵法》的成书过程和孙武本人，一直都有很多谜团尚未完全解开。史学大师顾颉刚认为，由于层累地添加古史，越到后来，历史和人物被添加得越多，本来面目反而扑朔迷离。正因如此，连国学大师钱穆都犯过一个不小的学术错误，他根据史料推断，居然认为历史上的孙武和孙膑是同一个人。因为孙膑也写了一部兵法，且生活的年代同孙武差不多。直到1972年4月，在山东临沂银雀山发掘了两座汉墓，同时发现用竹简书写的内容完全不同的《孙子兵法》和《孙膑兵法》后，才终结了历史上数百年的争论。

汉代的赵晔在《吴越春秋》里说孙武是吴国人。司马迁在《史记》里则记述孙武是齐国人，后来到吴国，经伍子胥的引荐，凭兵法觐见吴王阖闾，受到重用，拜为将军，成就一番功业，死后葬在吴国。从《史记》来看，孙武和伍子胥一样，都是客卿，用今天的话来说，就是移民，是新苏州人。

那么，孙武为何来到吴地，并在此成就一番功业呢？

孙武，也被尊称为孙子，或者孙武子，字长卿。孙武本来不姓孙，姓田，出生于公元前535年左右的齐国乐安（今山东广饶。孙武故里有争议，本书持山东广饶说），祖先本来被周天子册封为陈国（今河南安徽一带）国君，后来陈国发生政变，就逃到齐国投奔齐桓公，改姓田。田氏家族后来发展壮大，到孙武爷爷田书的时候，因为征战莒国有功，齐王给了田家一块“采地”，而孙武的父亲也做到了齐国卿一级的高官。

孙武有个叔叔是著名的大将田穰苴，为齐国称霸做出过巨大贡献。耳濡目染，他自幼十分喜欢兵法和研究奇正之变。早在春秋之前，兵学典籍就有不少了，比如《军政》、《握奇经》，还有相传为姜子牙所著的《姜太公兵书》，孙武的叔叔田穰苴也留给侄子一部《司马法》，这些都是孙武兵学研究的基础。三千年前，古人就已运筹帷幄，决胜诸国，可见国人谋略智慧开启之早。中华民族真是一个文明过度早熟的民族。

由于后来齐国田、国、高、鲍等几大家族争权夺利，刀光剑影，危机重重，十八岁的孙武不得不避祸出走，跋山涉水，来到了南方的吴国。

孙武初来吴国，按照记载上说是“善为兵法，辟隐身居，世人莫知其能”。后人推断，他隐居在吴地的山林，开始整理并撰写兵书，韬光养晦，等待时机。关于孙武在吴国的隐居地，争议也很大。有罗浮山说（今

兵法圣地

属湖州），有穹窿山说（今属苏州），甚至还有东山说（今属苏州太湖区域）。其实，当时的吴国疆域很大，史无明载，笼统地说隐居在吴国周边的山野就好了，而《孙子兵法》是在吴国孕育成书的，应该大致不差。

练兵

写到这儿，就不能不提到一个人，那就是后来担任吴国相国的伍子胥。正是他慧眼识人，偶然结识孙武后，觉得此人胸有谋略，能带兵制敌，于是，先后七次向吴王阖闾推荐孙武。

尽管用不正当的手段上位，吴王阖闾却是一位胸怀天下、志在四海

位于虎丘的孙武子亭

的英主，踌躇满志，求贤若渴。看到伍子胥如此力荐，于是召见了孙武。

孙武把刚刚完成的兵法进呈阖闾。当时吴王阖闾正在姑苏台上，身边宫娥美女簇拥。孙武每送上一篇兵法，吴王看后都不觉称一声："好！"心情十分愉悦。但他怕孙武是个纸上谈兵的书呆子，于是出了个题目："你的兵法能小试牛刀吗？"孙武说："当然没问题，就用大王身边的美女们来演练一下行吗？"吴王马上同意了。

于是孙武把吴王身旁最宠爱的两个姬妾任命为队长，每人各领一队宫女，总共一百八十人（一说三百人）。宫女们都穿上甲胄，手里拿着宝剑和盾牌。然后，孙武宣布了军法和号令，以鼓声为进，以金声为退，还明确了左右回旋等队形。训练也不难，就是在敲第一遍鼓时振作精神，敲第二遍鼓时冲锋前进，敲第三遍鼓时形成战阵。这些宫女娇娃平时都是侍奉吴王歌舞的，嘻嘻哈哈惯了，哪受过正规训练。孙武亲自上阵，敲了三遍鼓，三令五申，宫女们还是嬉笑不止，根本没人听他的指挥。孙武很生气，于是回头对执法官说，拿斧头和铁砧来。根据军令，士卒不听指挥要斩杀两名队长。在台上观望的吴王看见宫女们飒爽英姿，本来还觉得好玩，这会儿见孙武要杀掉自己的爱姬，急忙派人传命："寡人已经知道将军能用兵了。没有这两个美人侍候，寡人吃饭也没有味道，请将军赦免她们吧。"孙武严肃地说："臣既然受命为将，将在军中，君命有所不受。"于是孙武下令行刑，顷刻间两位美女血溅校场，在场的宫女都惊呆了。孙武又任命两队的排头充当队长，继续操练。这回，当孙武再次击鼓发令时，众宫女前后左右，进退回旋，爬滚跪起，中规中矩，阵形齐整。孙武用森严的军纪和实际操演征服了阖闾。阖闾忍住痛失爱姬的心情，在伍子胥的劝谏下，拜孙武为将，开始了征伐称霸之路。

在孙武的严格训练下，吴兵的军事素质有了显著的提高。公元前512年，阖闾偕伍子胥和孙武，指挥吴军攻克了楚国的几个属国；公元前506

孙武悄然归隐，息影深山后，结合平生训练军队、指挥作战的经验继续修订兵书，以期传之后世。

兵聖孫武

年，孙武以三万吴军攻击楚国的二十万大军，获得全胜，楚国国都郢城被攻破后，楚昭王仓皇出逃，楚国国力自此衰落。到夫差继承王位时，吴国国力蒸蒸日上。公元前494年春，吴越两国在夫椒（今苏州西南太湖边）进行决战。孙武采用夜间突袭的战术，大败越军。勾践带着五千残兵一路溃逃到会稽山（今绍兴市东南）上的一个小城中凭险顽抗。最后，在吴军围困之下，勾践只得向吴王屈膝求和。

取得一系列胜利后，吴国已经称霸东南。夫差渐渐自以为是，不纳忠言。伍子胥苦谏灭越不被采纳，反而被逼自尽。看到鸟尽弓藏、兔死狗烹，孙武便悄然归隐，息影深山。他结合平生训练军队、指挥作战的经验继续修订兵书，以期藏之深山，传之后世。

兵法

《孙子兵法》之所以能成为兵学之祖，是因为它既讲究战略又讲求战术，还吸纳了战国时期的阴阳家和道家的理论，进而上升到哲学的层面："兵者，国之大事，死生之地，存亡之道，不可不察也。"（《始计篇》）它不是仅仅讲行军作战，而是先从国家层面探讨战争的开端与终结："故上兵伐谋，其次伐交，其次伐兵，其下攻城。"（《谋攻篇》）现代军事家也说过，战争是政治的延续，也就是说，非到迫不得已，最好不要动用军事手段。

《孙子兵法》形成了一套精妙的战略哲学体系。有人把它提炼为：奇正、虚实、形势。在古代和现代的军事战役里，都能找到《孙子兵法》的影子。

奇正。《孙子兵法》特别强调出奇制胜，但也从不忽视正。正是奇的基础，奇是制胜的关键，奇正是相依相存的。三国时的诸葛孔明被誉

位于吴地山林的孙武子隐居地

为军事奇才，他熟读兵书，想来孙子著作也是成竹在胸的。他善用火攻，曾经用三把火奠定了自己在蜀军中的地位。火烧赤壁后，曹操败走华容道，诸葛亮故意在小道布疑兵，然后在大道设防。曹操谋略非常，以为孔明判断自己必不敢走大道，于是反其意用之，专门走大道，没想到恰恰中了埋伏。这就是兵法上奇正相补的经典案例。

虚实。在实际战争中，主帅一般都不会直接选择以实击实来逞强，因为这是生死硬仗，结果可能两败俱伤，为下下策。高明的统帅大都避实击虚，攻其不备。就在孙子去世几十年后，魏国包围了赵国的都城邯郸，赵国向齐国求援。齐国任命田忌为将，孙膑为军师，两人就采取避实击虚的灵活战术，直接攻打魏国的国都大梁，魏军只好回军救援都城之危，从而解了邯郸之围。

形势。形者，是事物的外在表现形态；势者，是动能和态势。形是势的外在形态、存在基础；势是形的内在动态发展。公元前257年的邯郸之战，是秦国霸主地位的战略格局形成后，魏国、楚国和赵国等合纵抗秦取得的第一次大胜，消灭秦军三十万人。秦昭襄王在赵国内部团结、外部合纵抗秦形势已成的情况下，单纯从兵力对比出发，认为秦强赵弱，坚持攻赵，在战略上已属失策。单个赵国是孱弱的，但是有三国合纵连横后，形势已然转变，诸侯在军事上就占据了上风。

现在，有人把《孙子兵法》与克劳塞维茨的《战争论》、宫本武藏的《五轮书》列为世界三大兵书。而后两本都比孙子著作晚了至少两千年。

孙子思想及著作，从隋唐的十一家注本《孙子兵法》到宋代武经七书中的《孙子兵法》，形成了两大基本版本系统流传的格局，影响重大，意义深远。到了现代，孙子兵学出现了多学科、多领域研究的现象。有的从系统论入手，有的从决策学着眼，有的从管理学探讨，还有的从经济学、预测学、谈判学、心理学、逻辑学、地理学等不同角度进行研究，对指导当代大国军事外交、商业市场决策都有着特别的价值。

两千年前古人的智慧，依然绵长深远。

孙武隐居去世后，有记载说他的墓在苏州平门西北二里。据说他的子孙形成了两支：一脉归隐齐地；另一支脉世居吴地。也有人说，孙武在山东的后裔五代孙生孙膑，孙膑与庞涓师从鬼谷子，又沿袭高祖基因，成为著名军事家，也著有兵法。而留居吴地的子孙中，据说后二十四世有位孙坚，此人后来统领江东六郡八十一州，奠基吴国，三分天下。

张翰：莼鲈意象，写尽后世乡思

落日楼头，断鸿声里，

江南游子，把吴钩看了，栏杆拍遍，

无人会，登临意。

休说鲈鱼堪脍，尽西风，季鹰归未？

这是南宋词人辛弃疾的名篇《水龙吟》里的句子。那时，他正值壮年，却被投置闲散，做了个小官。宦途不幸诗家幸，晚秋，登上南京的赏心亭，北望江山，家国沦陷，辛弃疾忽然想到了西晋的张翰。家乡鲈鱼羹美，思乡也许只是一种借口，乱世归隐才是真正的目的。

追溯苏州成为贤士归隐之地的源流，西晋的张翰应算是滥觞之始。

莼鲈之思

张翰生活在西晋，一个被后世无限诗化为潇洒飘逸而实际上混乱险恶的时代。张家在东吴属于世家名宦，父亲张俨做过吴国掌管朝廷礼仪的大鸿胪，相当于文化部长。因为东吴末帝孙皓认为他有外交能力，于是派他出使西晋吊祭晋文帝——就是路人皆知其心的司马昭。张俨不辱使命，舌战群儒，折服晋士，却在归来途中不幸病死。

父亲死后不久，东吴被西晋所灭。因亡国之痛，兼之世事混乱，满腹才学而又精通音律的张翰，只能选择佯狂避世，恃才放旷，跳脱礼法约束。时人将其比作北方“竹林七贤”之一的阮籍，因为阮籍做过步兵校尉，人称“阮步兵”，因此也有人称张翰为“江东步兵”。

这个“江东步兵”也的确有几件让人啧啧称奇的事迹，都被记载于《世说新语》里。

先说一件不靠谱的事儿。有一次，张翰在阊门附近游玩，忽然听到金阊亭里有人弹琴，琴声清越，激昂不俗。张翰循声过去，看见了抚琴人。互通姓名之后，张翰发现原来这个人是会稽（今浙江绍兴）名士、号称“东吴五俊”之一的贺循。两个人一见如故，惺惺相惜。下面一段对话，绝伦今古：

张翰：贺先生要到哪里去呀？

贺循：到洛阳去赴任，刚好在路上。

张翰：我刚好也有事北上到京城去，搭你的便船吧？

贺循：没问题。

问题是，张翰根本没有什么事要到洛阳去，而是临时起意，连招呼都没和家里打一声，就准备登船北上了。想象一下，和一个谈得来的知音一路横船载酒，恣性漫谈，何等畅快！直到后来家人到处追问，才打听到他的行踪。这种说走就走的洒脱，不是每个人都能做到的。

再说一件和阮籍有一拼的轶事。

阮籍逢人有青白眼之别，而于礼法更是不拘一格。据说他母亲去世，准备下葬的时候，他蒸了一口肥猪，饮酒二斗，临别嚎了一声“没了”，然后吐血一口。而张翰在悼念好友顾荣时也可谓有同样情怀。

顾荣也是“东吴五俊”之一，和张翰是相知一生的好友。顾荣病逝，张翰前去祭奠。因为顾荣（字彦先）生前喜欢弹琴，所以顾家人在灵床

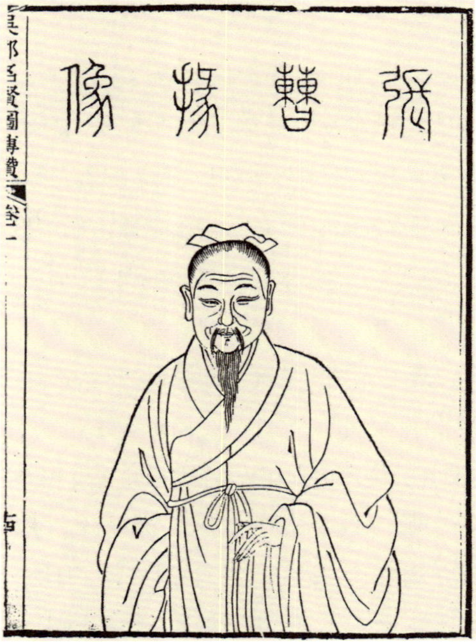
张翰画像

上放了一张琴。张翰见状，悲伤不能自已，于是跳上灵床，抚琴数曲。他边弹琴边说：“顾彦先啊，你还欣赏这支曲子吗？”然后张翰放下琴恸哭流涕，连与孝子的握手礼都没行，就出门而去。

君爱身后名，我爱眼前酒

到了洛阳后，张翰被实力派的齐王司马冏任命为东曹掾，相当于秘书类的辅佐文官。当时晋朝时局复杂，“八王之乱”后，纷争不断。同在洛阳为官的东吴名士陆机、陆云兄弟，最后就是因为裹挟在诸王的党争中罹难殒命的。有鉴于此，张翰常和好友顾荣一起喝酒聊天，感慨时事。

当时齐王司马冏骄奢淫逸，专横跋扈，在其手下做官，也是前途难卜。

张翰外表放诞，其实内心清醒。他担心自己不能善终，心里早已萌生退意。他对顾荣说：“如今天下时局难测，变故不断，不久将有大乱，我们这些有点名望者很难从中脱身。我本来就是山野之人，今后也没有进取之意，而你老兄却要多多保重啊！”顾荣握着张翰的手怆然泪下：“我也想和你一起回江南归隐，同采南山之蕨，共饮三江之水。但是我怕突然辞职，会遭到齐王的忌恨，事与愿违啊！”

秋天来临，落叶萧萧。张翰更加思念故乡，他想到了苏州的菰菜，就是水生的茭白，还有太湖里的莼菜和鲈鱼，这些都是在中原北方所吃不到的。张翰说：“人生在世贵在适意，何必受数千里外的官宦之累？”于是，命手下人打点行装，乘船南返。连个招呼也没和齐王打，就挂冠而去。因为是不辞而别，所以朝廷把他从功名簿上除名了。

除名就除名，和自由平安比起来，这又算得了什么！

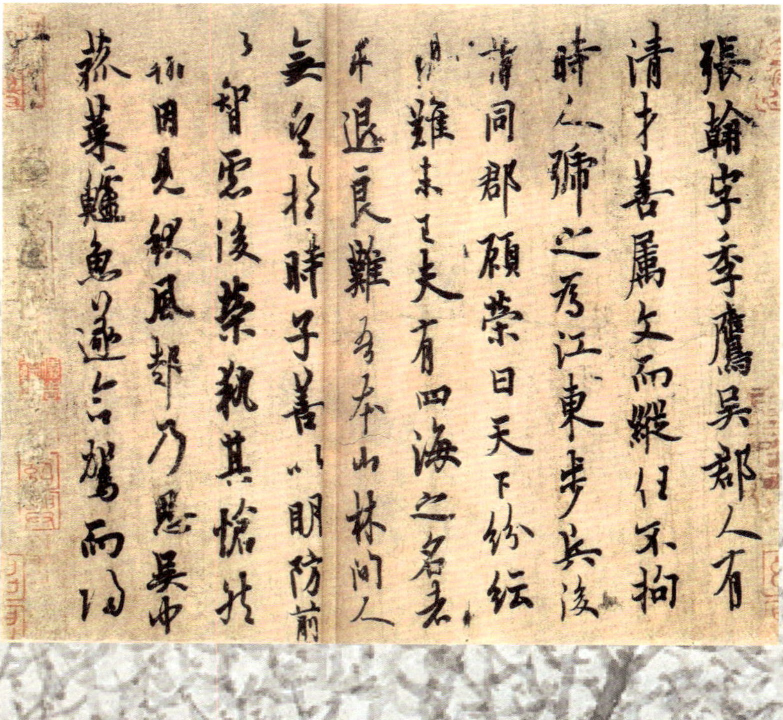

《张翰思鲈帖》 唐·欧阳询书

张翰返乡后不久，齐王冏就因兵败被杀，他的属官也受株连，几乎被屠戮殆尽。好友顾荣九死一生，狼狈不堪地逃回吴郡。因此，很多人都暗暗佩服张翰的眼光。

张翰虽然疏放，但却是一个孝子。据说他母亲去世后，他悲哀至深，形容枯槁。张翰去世时只有五十七岁，留下诗文数十篇，可惜多未保存下来。

因为思乡，张翰写过一篇《首丘赋》，用《诗经》里“狐死首丘”的典故，来纾解思乡之情。这篇文章虽没有流传下来，但留下另外一首诗，名为《思吴江歌》：

秋风起兮佳景时，吴江水兮鲈正肥。

三千里兮家未归，恨难禁兮仰天悲。

张翰活得潇洒自在，不为名物所累。在世时，有人劝告他：“你这样只追求一时的放纵开心，难道不在乎百年之后的声名吗？”张翰笑道：“使我有身后名，不如即时一杯酒。”

如此潇洒旷达，果然不负“江东步兵”之名！

张翰对后世的影响很大：比如李白，他就有“君爱身后名，我爱眼前酒”的衍生句子，在某些地方，他或许间接继承了张翰的放达；苏东坡则有“浮世功劳食与眠，季鹰真得水中仙。不须更说知几早，直为鲈鱼也自贤”的诗句；辛弃疾在一首词里，也写出了张翰的乡思情味，“秋风莼鲈江上，夜深儿女灯前”。

看来，张季鹰和他的“莼鲈之思”，已经成为一个文化意象，不断被后人追念和感怀。

陆龟蒙：隐逸在故乡的深处

张翰过世五百多年后，另外一位隐逸苏州的诗人这样解读他的乡思之典："张翰深心怕祸机，不缘菰脆与鲈肥。"

这位诗人很懂张翰。他，就是陆龟蒙。

晚唐的陆龟蒙和西晋的张翰相差五百多年。后者留下了"莼鲈之思"的佳话，前者则留下诗酒江湖的美名。他们一个是田园自适，一个是宦隐归来，无论主动还是被动，两人在精神上是相通的，灵魂里追求的都是一份共同的飘逸与自由。

江上丈人

和张翰一样，陆龟蒙也是生卒年不详。陆龟蒙以诗名传世，但本是世家子弟。陆姓是江东望族，陆龟蒙远祖可追三国陆绩，七世祖陆元方是武则天时期的重臣，父亲还做过御史。陆龟蒙考过一次进士，不第后，就混迹江湖、无心仕途了。他常年隐居甫里（今苏州甪直），世称"甫里先生"。

苏州地方史志《吴郡志》记录了一则陆龟蒙的轶事：

陆龟蒙进士落第后和曾担任苏州刺史的张搏游历。张刺史在屋前种

陆龟蒙像 选自《历代名臣像解》

了不少白玉兰，早春花开朵朵，艳洁如玉。于是张刺史遍邀苏州嘉客雅集，宴饮花下，并请诸人赋诗。陆龟蒙因为来得迟了，被刺史大人灌了几杯酒。喝得有点多了，陆龟蒙勉强提笔写了两句“洞庭波浪渺无津，日日征帆送远人”，然后掷笔醉倒。刺史忙请其他客人续笔，但是众人都不知道这诗和玉兰有什么关系，无法接续。这时，陆龟蒙稍醒，大家催他续作。只见陆龟蒙援笔写道：“几度木兰舟上望，不知原是此花身。”原来玉兰古时又称“木兰”，而兰舟又常入诗韵，所以大家都拍手叫绝。可见诗人才思敏捷，不蹈俗调。

作为诗人的陆龟蒙，有多首脍炙人口的佳作流传。有一首是写唐代越窑秘色瓷器的：

九秋风露越窑开，夺得千峰翠色来。

好向中宵盛沆瀣，共嵇中散斗遗杯。

前两句写得月白风清，优雅闲适；后两句则惊心动魄，高古瑰丽。

因为诗名籍甚，又常和皮日休唱和往来，于是诗史称他们为“皮陆”。两人曾经彼此唱和过《太湖诗》、《樵人十咏》、《酒中十咏》等具有田园野趣的闲适之作。陆龟蒙写过一首和皮日休酒醉醒来之诗：

几年无事傍江湖，醉倒黄公旧酒垆。

觉后不知明月上，满身花影倩人扶。

据说，陆龟蒙早年喜好饮酒，但是喝醉了常如大病，于是他就把酒戒了。再后来，每有客人来时，他也照常端着酒壶和酒杯，让客人喝，自己却不喝。陆龟蒙也不喜欢与低俗官吏交往，避之唯恐不及。平日出游以舟代马，专用的船上设有帐篷和席子，往来时带上一捆书和一套烧茶水的灶具，还有纸笔墨砚。因为性喜钓鱼，所以还配有专门的渔具随身。当时，人们都称他为“江湖散人”或者“甫里先生”。而他自己更愿意自称“涪翁”、“江上丈人”。

如此逍遥隐逸的人生，自得其乐，悠然天地间，正是多少碌碌红尘者艳羡的生活。

农夫最爱诗酒茶

归隐林下，对文士而言，自然少不了读书著述。

据说陆龟蒙家藏三万卷书，但他并非藏而不读，遇有好书岂止读，还亲手抄录，详加批注。他读书时手上常握着朱笔和黄笔，遇到问题或者感想，一定在边角上写下来。如果是他借了人家的书，发现书简篇章错讹，他一定帮助辑补勘误，以免错误流播贻误后人。

《甫里先生传》 清·金农书

有田畸十万步，有牛不减四十蹄。而田污下，暑雨一昼夜，则与江通，石田也。先生由是苦饥。嗜茶荈，置小园于顾渚山下，自为书一篇。继《茶经》、《茶诀》之后，张又新为《水说》，凡七等，其二者慧山寺石泉，其三曰虎丘寺石井，其六曰吴淞江，是三水距先生远不百里，高僧逸人时往依之。杭郡金农书

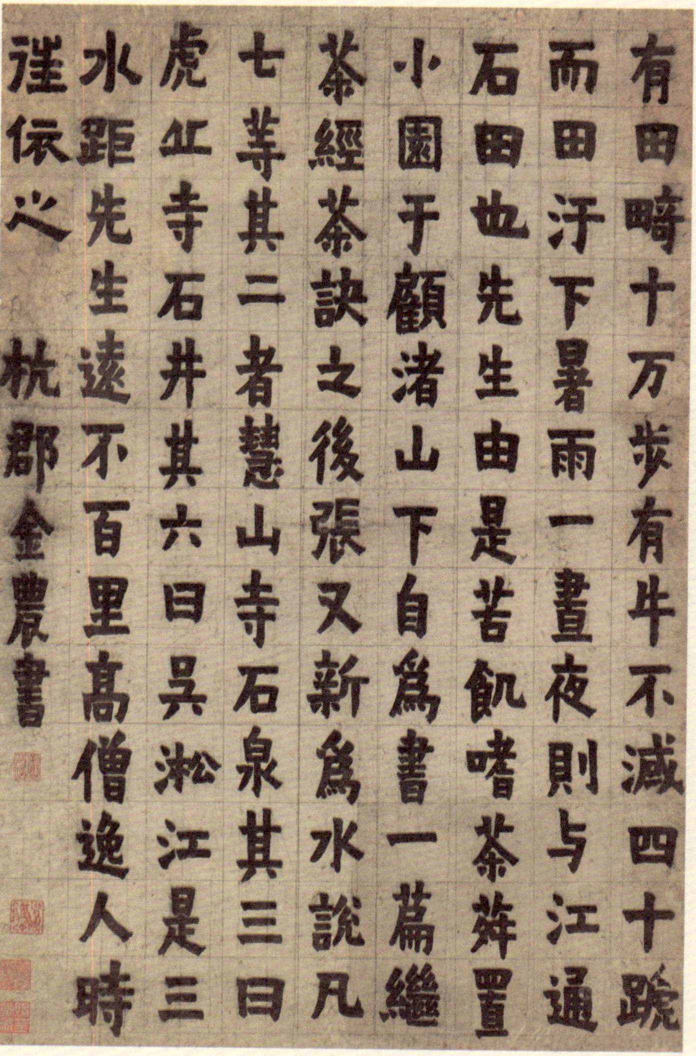

隐居甫里，日暇有常，陆龟蒙也常常撰述。文章写好后，他自己觉得还不成熟，离付梓尚有距离，于是就把文稿藏到箱子底，甚至几年也不去翻动，以至于盗贼光顾，当作至宝偷了去。

戒酒后，陆龟蒙改为品茗饮茶，并以此为嗜。后来，他干脆在宜兴顾渚山下建了个茶园。唐代的顾渚茶是上等贡品，名声远扬。陆龟蒙在自传中记述，有人把煎茶的水分为七个等级，无锡的惠山泉是第二泉，虎丘山的井泉是第三，吴淞江水排名第六。因为知道陆高士喜欢饮茶，朋友不远百里去取水过来，给他烹茶喝。

让人想不到的是，陆龟蒙在农具研究、渔具制造等方面都颇有造诣，开后世先河。

依托祖荫，陆龟蒙有田数百亩，房屋三十多间。但他的田都处于苏州城东的低洼地带，遇雨成涝，时常歉收。陆龟蒙经常自己下田劳作，扛着畚锸，耕耘除草。有人嘲笑他务农事，他说："圣人尧舜都因田作晒黑累瘦，大禹也是满手老茧，作为平民，有何不能？"今天我们反观古人的所谓田园之乐，并非仅仅是吟风弄月的雅好，还有身体力行的辛劳。

因为身体力行，知道稼穑之辛，陆龟蒙闲暇就研究农业生产，写了一本《耒耜经》，总结了江南地区精耕细作的经验，提出了"深耕疾耘"的方法。陆龟蒙还记述了秦汉以来直的长辕铁犁，被改良成灵活易拆卸的江东曲犁，从而更适合江南水乡地区耕作的事。这一改良，足足造福了江东农民上千年。今天，凡是研究中国农业的学者，言必称颂陆龟蒙的《耒耜经》。

除了记述总结农事、农具改良以及植物虫害外，陆龟蒙还据自己多年垂钓江湖的经验，总结了当时的捕鱼方式和渔具，提出不能涸泽而渔。他根据不同的材料和制法，以及不同的用途和功能，划分了十多种渔具和几种捕鱼法。这些都被他写在《渔具十五首并序》及《和添渔具五篇》等纪事诗歌里，留下了完整的渔业资料。当然，作为诗人，陆龟蒙的作品里一样也有江湖渔猎之趣，有歌咏渔庵、蓑衣、箬笠和钓矶的主题诗作。

想想，一个手握柔翰、品茗作诗的文士，居然能眼光向下，不以业贱，自耕自钓，深研农事，以此为乐，造福大众，这岂止是中国传统士大夫简单的"达则兼济"、"穷则独善"的儒家理想？从某种意义上说，陆龟蒙身隐心未隐，仅仅用精神高蹈，恐怕都无法完整描述这位先贤。陆龟蒙用独特的实践实现了自己精神境界里的更高层次的追求，这份意义与价值的内核，也许只有他自己知道。他在《江湖散人传》中写道：

散人者，散诞之人也；心散、意散、形散、神散。既无羁限，为时之怪，民束于礼乐者外之，曰此散人也。

因为声名日播，朝廷多次请陆龟蒙出仕，都被他拒绝了。后来一些交

垂虹桥旧影

往深厚的朋友都做了高官，主持政务，想请他担任左拾遗一职。可是，诏书刚下，陆龟蒙就去世了。

到了宋代，苏州吴江城北著名的垂虹桥畔，后人建了一座三高祠，纪念范蠡、张翰、陆龟蒙三位高士。元代词人张可久一次偶经此地，写了一首散曲：

三高祠下天如镜，山色浸空蒙。

莼羹张翰，渔舟范蠡，茶灶龟蒙。

故人何在，前程那里，心事谁同？

黄花庭院，青灯夜雨，白发秋风。

范蠡计谋过人，功成身退，抱得美人泛舟五湖；秋风莼鲈，旷达的张翰成为中国诗歌中的乡思符号；而渔舟上、田野间的陆龟蒙，这位无法简单定义的贤者，同前两位人物一样，都足以让人长久地追忆怀想。

郑思肖：画兰遗民与井中奇书

明崇祯十一年（1638），苏州地区遭遇大旱。蝉喘雷干，赤地千里，百年不遇。因为天旱，很多人争相汲水，居然把苏州城里不少井都抽干了。

这一年冬月初八，城西北的承天寺开始疏浚庙里夏天枯竭的一口井。淘井的达始和尚忽然在井底发现一块像砖头一样的硬块，连忙把硬块起出，洗净泥巴，发现是个铁函。函上有一行字："大宋铁函经"。僧人们争相传看，以为是佛祖示律，没有人敢打开，就把它供奉在佛龛前。听说承天寺的枯井里挖出了宝贝，许多百姓都来看热闹。出于好奇，大家都撺掇和尚把铁函打开。僧人于是打开铁函，发现函内装着石灰，石灰内还有一个锡盒。再打开锡盒，发现盒内没有什么金银珠宝，而是一卷书。因为怕水，书卷外还用生漆封存，所以完好如新。

书的名字叫《心史》，书上标明的著者是郑思肖，他是南宋遗民。按照书里描述，是他亲自封沉了这本书。古人著述，要么藏之名山，要么刊刻流播，期待传之后世。而这卷神秘的书到底是什么来头？为何要深埋井下呢？

郑思肖画像 佚名绘

传灯

《心史》重见天日时，距沉井已经有三百五十六年之久。此书一出，立刻引起轰动，受到明末清初士子的大力追捧。据统计，在《心史》的传抄、刊刻过程中，为之作序作跋的名士竟达二十多位，其中有陆嘉颖、张国维等；之后又有多位名士为它题诗作文，从归庄、顾炎武到吴伟业、王士祯、钱谦益等，不可计数。而到了清初，又有人力证此书为明人伪托，一时真伪难辨，称作迷案。

抛开真伪之争，先来追踪一下发现《心史》的承天寺。这个承天寺，在江南佛教史上也是赫赫有名的，它不仅井藏奇书，还与另外一本佛教经典有关。

苏州古城西北角的东中市有个小巷名叫“承天寺前”，即因承天寺

承天寺前今貌

得名。承天寺的前世今生是这样的:古刹承天寺,始建于南北朝梁武帝时期,最早名为"重元寺",或者称"重云寺"。据记载,当时居住在长洲的地方官员陆僧瓒因见自己家宅院上空祥云重叠,即奏报尊崇佛教的梁武帝,主动要求舍宅为寺,并为寺庙取名"重云"。梁武帝欣然同意,并赐匾额"大梁广德重玄寺"。

"重云"被误为"重玄",许是奏章转抄过程中的差错,而从"重玄寺"到"重元寺"则可能和避讳有关。古书的"玄"字,从唐、宋以后,往往与"元"字混用互见。重元寺一直兴盛到中唐时代,北宋时先后改名为"承天寺"、"能仁寺"。这个时候,在承天寺出现了佛教史上的著名经典《景德传灯录》。

宋真宗景德年间,名僧道元开始在寺内永安院编撰长达三十卷的《景德传灯录》。此书是禅宗公认经典史书之一,是中华禅宗史书的开山之作,故有"禅学之源"之称。全书系统地叙述了禅宗师徒相承机缘,从过去七佛起到历代诸祖,共一千七百零一人。灯能照明,师徒相授,以法传人,譬如传灯,故取名《景德传灯录》。此书影响也波及儒学,据传《伊洛渊源录》、《明儒学案》等都是仿此体所作。

花之志

再来看看《心史》作者,中国历史上著名的遗民郑思肖。

郑思肖(1241—1318),字忆翁,号所南,宋末元初时期的隐逸诗人,也是画兰画竹的高士。他原籍福建连江,十四岁随父自杭州迁居苏州,此后一直生活在此,终身未娶。据柯继承先生考证,他"初居苑桥,第二年即迁于条坊巷。条坊巷即今介于观前宫巷、人民路之间的调丰巷。十年后,他又先后迁居城中黄牛坊桥(今黄鹂坊桥)、采莲巷、仁王寺、双板桥、望信（星）桥、皋桥等地”。

郑思肖之所以为后世所推崇，缘于他的民族气节和大义——

郑思肖原名叫什么，已没人知道了。可以确知的是，南宋亡后，他便改名“思肖”，即“思赵”（赵宋王朝的“赵”，繁体字为“趙”）之意。又号“所南”，都有怀念南宋之寓意。郑思肖在苏州所居屋中还高挂“本穴世界”的题额。本穴，以“本”字中的“十”移置“穴”字中，即为“大宋”两字，“本穴世界”即为“大宋世界”。他还曾著有一本《大无工十空经》，“空”字去工加十，仍为“宋”字，以喻其书名实为“大宋经”。

郑思肖以画兰著名。但是亡国后，他所画兰花，要么有根无土，要么无土无根。观者都不知其意，问之何故。郑思肖答道：“地都被番人（指元人）抢去了，你不知道吗？”人们这才理解到画中这些兰花离地露根的深刻含义：国家亡了，兰花也失去了生养的土地，何况人乎？

正如他在《心史》中的一首诗所言：“纵遇圣明过尧舜，毕竟不是亲父母。千语万语只一语，还我大宋旧疆土。”虽然是狭隘的夷夏观，但在当时确属节操坚贞。

因为画兰声名日盛，一位苏州当地的元朝官员仰仗自己的权势，多次向他索画，都被郑思肖断然谢绝。官员听说他有田产，就威胁他要加重收税，他说：“头可断，兰不可得。”为了表示忠于南宋，他还发誓“不与北人交接”。有时在朋友聚会的时候，一听到座中语音有异的，他马上站起来走人，表现得非常决绝。画兰不予权贵，但他却常常把所画的兰花送给普通人甚至小孩子。他有首题菊诗说“宁可枝头抱香死，何曾吹落北风中”，足见其高洁清白自守。当时名重于世的书画家赵孟頫，是宋朝宗室，宋亡后居然出仕元朝，郑思肖知道后立即与之断交。赵孟頫几次主动上门拜访，他都拒而不见，让赵吃了闭门羹。

南宋亡时，郑思肖才三十五岁，自此他“坐卧不向北”，逢到年节，就

郑思肖画作《墨兰图》中的兰花有根无土，寄寓了画家的悲凉心情

望南野哭而再拜，并常以“无力回天”为恨。临终时，他对身边的朋友说：“我死后，请你给我写个牌位，上书‘大宋不忠不孝郑思肖’。”

心史

井中奇书《心史》到底是本什么书？

《心史》是郑思肖一生奇气伟节之作的汇编，是郑思肖特立独行的证据。郑氏自宋亡后便离家出走，从此浪迹于吴中名山、道观、禅院，四十年间写下了大量真情实感的诗文，内有《咸淳集》一卷、《大义集》一卷、《中兴集》一卷，共收诗二百五十首，杂文四篇，前后自序五篇，合

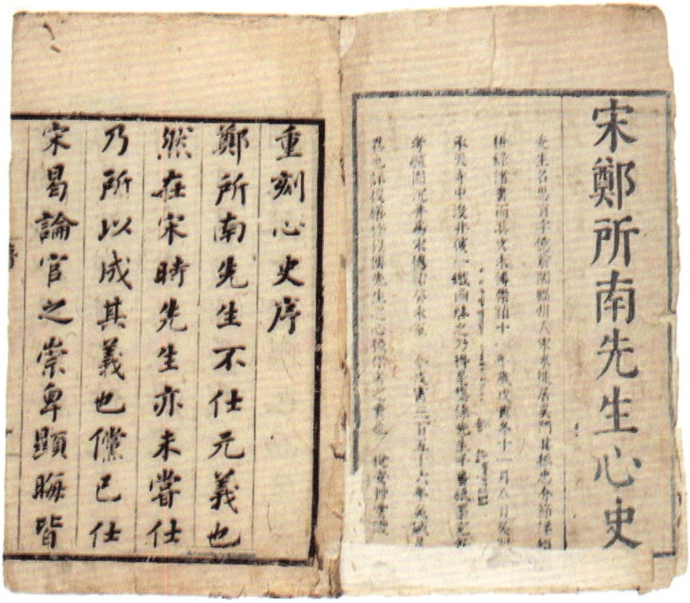
宋鄭所南先生心史

重刻心史序
鄭所南先生不仕元義也
然在宋時先生亦未嘗仕
乃所以成其義也儻已仕
宋曷論官之崇卑顯晦皆

《宋郑所南先生心史》书影

卷命名为《心史》。因为元朝文网繁密，在当时形势下根本无法刊行，所以，他在晚年将《心史》重缄封好，藏于苏州承天寺井中。于是才有了本文开头寺僧井下得书的传奇。《心史》在枯井中沉埋达三百五十多年，据说铁函中的封套外还写着一行字：“大宋孤臣郑思肖百拜封。”一个行将就木的老人，对着书稿拜了又拜，把自己对宋王朝的一片忠贞与满腔情感都缄封起来，深埋井下，期待着有一天这部奇书能再现于世，光照千古。

细读《心史》，书中的所有文字都饱蘸情感，字字看来都是血，爱恨忠奸自分明。和同时期的文天祥表述的“臣心一片磁针石，不指南方誓不休”相比，《心史》的忧国怀乡之情表达得更加丰富。如在《过徐子方书塾》诗中说“不知今日月，但梦宋山川”；在《八励》诗中说“泪如江水流成海，恨似山峰插入天”，慷慨激越，义胆忠肝。

难怪，近代学者梁启超得到《心史》一书，就穷日夜之时读之，每尽一篇辄热血“腾跃一度”。梁氏深有感慨地说：“此书一日在天壤，则先生之精神与中国永无尽也。”

和宋代遗民的沉痛不同的是，明代遗民不但从心灵深处反抗异族统治，还亲自参加了抗清斗争的实践。因此，明代《心史》的刻印，对鼓舞士林抗争的斗志起到了极大的作用。

据考证，达始和尚打开铁函发现书稿后，有一位苏州文人把这件新闻告诉了陆嘉颖、陆坦父子。陆嘉颖对这事极感兴趣，便托人向达始和尚商量借阅。没想到达始竟然想藏之名山，坚持不肯出借。陆氏交涉了三个多月，直到翌年春天，出了一笔钱后才借得稿本。于是陆氏父子与文氏父子（即文从简和文柟）便分头摹抄，他们同时也有了刊刻之意，欲使《心史》广为流布，以了所南翁的心愿。为此，陆嘉颖与文从简各写了一篇跋文，并在苏州士人间传观抄本，借机募款。后来又有许多爱国文人，包括复社成员纷纷题跋，但是，刊刻的经费问题仍未解决。最后抄本及诸人题跋被呈送到苏州最高行政长官张国维手上，张“览而异之，立捐俸绣梓”，并亲撰序文。也只有在苏州，才有如此珍视文化的官员，舍得用俸禄支持一本书的刻印。

崇祯十四年（1641），正是《心史》初刻的第二年，吴县重修县志。在明崇祯年间新修的《吴县志》中，详细记载了《心史》的发现过程，还引用了其中的不少诗作。这也是《心史》在苏州地方志中的最早记载。

《心史》刻行后命运也十分坎坷。

清康熙中叶，在明朝遗老行将凋零殆尽之时，学界忽然有了不同声音。有人毫无证据又吞吞吐吐地称《心史》是“伪书”，但当即遭人反诘。

又过了百年，清朝的政治统治已经巩固，思想钳制和文化清洗更见效果，御用“三通”、“四库”馆臣开始正式判定《心史》为伪书，并编凑出几条站不住脚的理由。乾隆五十三年（1788），官方又以军机处名义“奉上谕”将其列入“应毁”书目。

为此，《心史》的资深研究者陈福康教授感叹：“‘伪书说’此后虽不时遭到学者反驳，但还是流毒天下，惑人甚深。”甚至连当今一些代表国家水平的大型工具书，如《辞海》、《中国大百科全书》、《中国历史大词典》等，也都称“或疑为后人假托”。可《心史》仅在明末江苏就两次刊刻，而且至今在南京、苏州的图书馆里均有收藏。此外，郭建业先生在《从〈心史〉对伊斯兰教的记载看该书的真伪》一文中指出，《心史》对伊斯兰教的记载与宋代其他史籍的用语相一致，这种用语为宋代所独有，到明清时已不再使用。从伊斯兰教在中国的传播和中国人对其认识的历史来看，郭建业先生认为该书属于明清之际人士所伪造的说法难以成立。

到了近代，爱国诗人柳亚子、陈去病等组织的“南社”，就特别推崇郑思肖的《心史》。据说南社的成立大会，就是在虎丘的张国维祠中举行的。抗战期间，苏州籍的史学家顾颉刚还专门写了《郑思肖心史孤忠》一文，用来激励全民族抗击外侮。

一个人的信念和精神，通过纸质的媒介，再通过特殊的保存与传播方式，流传了七百年，足见精神不朽、灵魂不灭。即使在当今时代，仍然有它独特的价值与意义。从这点上来说，遗民郑思肖的行为更有其特别的历史穿透力，因为这部井中奇书，应该是我们民族心灵史的一部分。

徐枋：守约固穷的吴中高士

隐士徐枋的故事要从一头驴说起。

说到隐士，很多人想到的是回归田园的陶渊明，虽然没有过上自己笔下的桃源生活，但是也有无拘无束荷锄带露的潇洒；或者是西湖烟雨里梅妻鹤子的林和靖，养鹤植梅，风雅之至。可是，我们今天说的这位隐士既不种圃，也未养鹤，而是有一头驮东西的驴。

三百年前，明清鼎革之际，苏州出了一位高士徐枋。因山河破碎，他选择在苏城西郊的山水胜地天平山麓隐居，从此草屋土室，四十年没有入城。

隐士靠什么生活呢？据说，能书善画的徐枋养了一头非常通人性的毛驴。每天早上，徐枋把画作诗文放到驴背的竹篓里，然后拍一记，驴就自己往苏州城方向走，到了城门口就会自觉停下来，决不入城一步。城里认识这头驴的人就说："高士驴来了。"于是大家纷纷抢着把驴背上的书画拿下来，并把徐枋需要的日用物品放到篓子里。然后毛驴就驮着东西返回山里去。

简直是太神奇了。

这个故事显然有点玄乎，但是被记录在民国《清史稿》里。有人考证说高士驴的典故是来自清人的笔记。后人把这段荒诞不经的高士驴故事作为史料记述下来，显然有其原因和背景。稍加解读，你会发现里面大有深意：徐枋自归隐天平山后，前二十年不入城，后二十年不出庭，完全过着与世隔绝的生活，只能通过毛驴这一媒介和外界沟通，而且他品格高尚，不碰金钱，日常所需也仅靠书画换取，非力不食。尽管达官显贵多次想要高价购买徐枋的画，但徐枋就是坚决不售，而且他的作品一般不题署名款，以免玷污清誉。

借用乡贤唐伯虎的诗评价徐枋此举也许最为精当：“闲来写幅丹青卖，不使人间造孽钱。”

高士驴一说，不过是市井小民对一位隐士的附会传说罢了，以至于

李潜夫所绘的徐俟斋像。徐枋，字昭法，号俟斋，曾于崇祯年间中举

后世很多研究徐枋的论文和资料都不屑引用它。但是，我宁愿相信它是真的。因为，终其一生，徐枋用惊人的坚韧和执着，完美地展现了一个守约固穷、矢志不移的遗民形象。

入山

徐枋之所以披发入山，是源于父命。

其实，徐枋一族原本也是明末的簪缨鼎食之家，祖上都仕明朝，身为复社名士的父亲徐汧是进士出身的五品官员。明亡后，清军屠戮江南。顺治二年（1645）南京城破后，一日晚上，徐汧在月下徘徊许久，对徐枋说："我意已决，准备殉节。"徐枋也想和父亲一起死。父亲说："我死，是不得不死，而你可以不必死，即使是当个农夫，也算是守身继志了，这才是真正的孝。"第二天，剃发令下达后，晚上徐汧在虎丘山塘河边的船上摆酒宴请亲友随从，而后对月倚舷不发一言，忽然一跃入水，大家连搭救都来不及。当时，有很多江南名士都选择投水明志，像与徐枋同为"吴中三高士"之一的朱伯庐的父亲朱集璜，也是在抗清失败后投水自沉。含泪殓父的徐枋，从此漂泊吴江芦墟等地，最后遵从父亲的遗愿，选择在苏州西郊天平山麓筑室建屋，决意隐居。这个诺言，一守就是几十年。

有人把隐士的生活想象得非常美好，月明风清，餐花饮露，尘俗不染，弦歌不辍。其实，现实远远不是那么回事。徐枋自己回忆说，在隐居的日子里，他如履春冰，如踏虎尾，随时都要小心清廷的鹰爪把自己网罗进去。

隐居的日子是非常艰苦的。陶渊明的田园劳作，手上会磨起血泡，衣服会被露水打湿。"衣沾不足惜，但使愿无违。"徐枋没有做过官，积蓄也不多，一介书生，不会料理生活，更不懂得稼穑，加上自己生性耿介，一丝一粟，没来由的决不接纳，日子过得要多艰难有多艰难。他自己在诗里描述家里的穷日子：每天只吃一顿粥和一顿饭，也就是一干一稀，妻子和孩子经常饿得号哭不止。有时候连续几天都没有饭，只剩一碗粥。于是，一家人都静静地躺在床上，以减少体力消耗。

困苦中的徐枋一般不接受他人馈赠，只有一个人除外，那就是南岳僧弘储。弘储法师是徐枋父亲的好友，后来驻锡灵岩山。他经常接济徐枋一些衣食。对此，徐枋欣然接受，说这是方外食物，干净啊。还是这位弘储法师，后来筹资帮助徐枋从秦馀山（今大阳山）上两间半土屋搬到天平山脚，给他筑了一排房子，称“涧上草堂”。看看，隐士做到这个份上——连隐居的房子都是方外好友捐赠的。

徐枋所绘的《北苑山水》图轴现藏于苏州博物馆，是徐枋晚年的精品之作

芝草

其实，除了居士身份外，徐枋还是学者、画家。他的书法以草书见长，有孙过庭的痕迹；画则骨法效荆关，气韵学倪黄。苏州博物馆现藏的徐枋《北苑山水》图轴和草书五律诗轴，都是其晚年精品。徐枋活了七十三岁，隐居期间，编撰文集、书稿、读史笔记等数百卷，可惜都没有流传下来，只有学生潘耒在其去世后编印的诗文集《居易堂集》传世。徐枋后来清誉颇高，很多官绅重金求画，但他宁愿免费送给乡民和挚友，也不轻易出售来改善生活。据叶燮写的徐枋墓志铭记载，偶有购得徐枋片纸者都如获至宝。徐枋书画一般不书名款。徐枋自己说，佣书卖画已属生活无奈，就像山民织席贩履，为了生计。而那些强索题名、虚好高义的达官显贵，就像逼着一个茹素的人吃大鱼大肉一样可厌。

徐枋很喜欢画灵芝，他最钦慕的是苏州遗民画家郑思肖。据说郑思肖画兰是不画根的，别人问他何故？郑思肖说，土地都被元人夺去了，哪

里还有土！而徐枋画的芝草，超华物表，风韵幽情，既是自己磊落君子情怀的体现，也是采芝如采薇的心境托意。对此，徐枋写诗自况说：“吾闻宋遗民，画兰不著土。况复芝无根，自然绝泥滓。幽姿甘陆沉，芳气遍寰宇。允以古人言，香草比君子。”徐枋画的灵芝，连根都没有，更加尘埃不染了。

康熙朝一位姓蔡的川湖总督听说了徐枋的高节，又不敢以金相赠，就托了一位与徐枋相识的冯姓友人买了一些药材送给徐枋，结果还是被徐枋婉拒送还了。清代官员的钱，谁晓得干净不干净呢？但是，也不是说徐枋决绝无友。尽管他杜门不出，但仍然有一些德行高尚的友人与他来往。他与宣城的沈寿民、嘉兴的巢鸣盛被并称为“海内三高士”，经常诗酒酬酢。明代著名学者、抗清名士黄宗羲等也曾到苏州拜访过徐枋。最有意思的是清康熙年间的苏州知府汤斌，也算是清官一位，外号“豆腐汤”，为苏州百姓也做过不少好事。听闻徐枋的高名，他专程到涧上草堂来拜望。结果徐枋托事躲出，汤知府在徐家直等到日斜山脚也没见到徐枋，只好怏怏而返。

坚守

因为长期的营养不良加上无钱治病，徐枋四十三岁时就已须发尽白，齿牙摇落。有个女儿三岁时，因为没有棉衣过冬，受了风寒，此后十年都不好；还有一个儿子，或许是乃父遗传，小小年纪就能书善画，认识他的人都视为神童，可惜因为饥不得食，病不得药，年仅十二岁就夭折了。徐枋把身世遭逢、个人苦痛都记录下来，他在写给朋友的信里状如撕心裂肺，在自己的诗作中沉痛感慨。但是，道路一经选择，决不回头。

从这个意义上说，他和身后那八百多位有名有姓的明代遗民一样，比那些投降叛国嫌水冷的贰臣们，人格不知道要伟岸多少倍。徐枋的事迹，清代笔记和《明遗民传》里都有记载。每每读到这里，都令人掩卷深思：徐枋这样苦节，究竟是为了什么？为名传后世？恐怕不是。为彰显高士风采？付出的也实在太多了。史料上没有一丁点徐枋妻子的记载，我想，这也是一位伟大的女性，为了家族和丈夫的选择，持守苦辛，殊为不易。

近代罗振玉先生说："明季节义之风以吴中为最盛。而志弥珍、遇弥苦、学弥醇，予所尤敬仰者，莫如徐俟斋、顾亭林两先生。"

今天，我们将怎样评价一位三百年前的隐士呢？这个问题令人困扰。近些年，苏州一些旅游部门开发了天平山水库，取名"白马涧风景区"，并且在景区内复原了一套古建称为"涧上草堂"。且不论草堂的地理位置是否准确，也不论后人是否有发掘先贤以招徕游客的动机，单是有纪念一位隐士的意识，也算十分难得了。

唐人说："圣代无隐者，英灵尽来归。"意思是在政治开明经济繁盛的时代，是没有人隐居的。可是，在物质极度发达的当今社会，仍然有那么多的人或者去终南山隐居修炼，或者背包行走天涯，身体和心灵总有

左图为《徐俟斋先生祠堂图》，右图为《徐俟斋涧上草堂图》

一个在路上。目的也很简单，无非是想逃离现代都市，让灵魂放松，回归自然，找到真我。大隐隐于朝的时代，今天已然没有。而三百多年前徐枋式的隐居，固然是遗民角色使然，选择了不合作，就注定一生孤独。

也许，由于道德清白和精神洁癖的要求，隐士徐枋对自己的严苛已经近于自虐。对他而言，相对殉节者的解脱，活下来才是真正的艰难和困苦。在那个时代，生比死更不容易。请记住这位吴中先贤徐枋，他坚守的不仅仅是父亲的遗言，更是中国传统士子的伟岸人格。这是对自己的承诺，也是彰显个人价值的尊严选择，更是终身不移的道德实践和自我塑造。

有些东西，是需要用一生来坚守、来实践的。

叁

文士翰墨

——彩笔题诗兼绘素

“是真名士自风流”，苏州风物清嘉，最是风流富贵繁华地，自然也是名士们的所爱。且不说这方水土里走出的“二陆”如何用翩翩风度折服世人，沈周、文徵明等如何以书画开宗立派，就是那宦游四方的白居易、苏东坡等，也留下诗文名句见证了古城苏州与文采斐然的名士们如何相得益彰。

陆机和陆云：吴郡“二陆”，冠盖江南

故宫博物院收藏着一件书法瑰宝，那就是西晋陆机的《平复帖》。

这件九行章草作品，一共八十四字，从唐末到民国一直传承有绪，经北宋徽宗到乾隆内府，历时一千七百余年。最后，该帖在抗战期间被大收藏家、“民国四公子”之一的张伯驹以三万大洋从溥心畬手中购得，避免了国宝流散海外的命运，而这三万大洋几乎让张伯驹倾尽家产。启功先生评价说，这是古代存世最早的名家书法真迹，比传摹的王羲之《兰亭集序》还要早七八十年。而比起其他摹本来说，此帖更加直观地见证了中国书法的演变。

在这封写给弟弟陆云的书札里，陆机说到好友彦先病重，感慨人生悲喜，因为帖中有句“恐难平复”，所以名之为《平复帖》。书风简率奇古，俯仰随意，还保留了一些居延汉简的遗味。后人释解书帖内容，恐难平复的不仅仅是好友的病体，还有兄弟间彼此相依的心境。

陆机、陆云兄弟，不仅留下了传世法帖，还以其卓尔不凡的才情，在中国文学史上留下了浓墨重彩的一笔，可谓西晋时期吴中大地上辉映的双子星座。

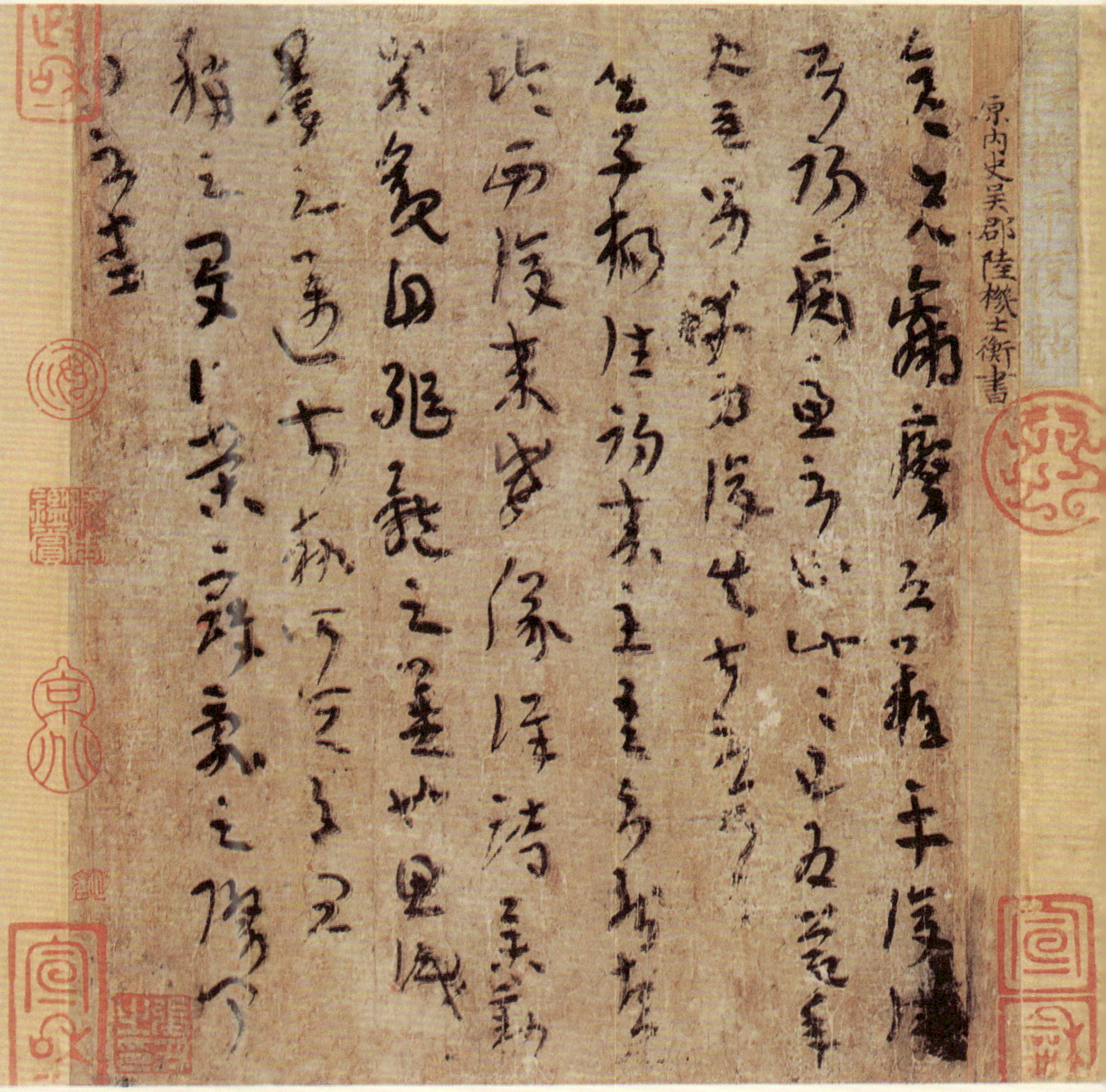

《平复帖》（局部）晋·陆机书

陆机、陆云画像

龙驹凤雏

文采风流的陆氏兄弟有个声名显赫的祖父，那就是三国时江东名将陆逊。作为吴郡的青年才俊，三十六岁的陆逊利用关羽的骄傲，夺荆州、擒关公；随后刘备与张飞率蜀汉精兵为关羽报仇，张飞思兄醉酒，在营中鞭挞士卒而为部下所杀，而刘备的联排大营则被陆逊一把火烧了个痛快。刘备败走白帝城，抑郁而死。蜀汉因此一蹶不振，苟延残喘。

陆氏胞兄九个，据说与吴县华亭（今上海松江）九座山峰相呼应。陆机排六、陆云行七。据说陆机少时，身长七尺，声如洪钟，胞弟陆云，貌善性雅，人说有颜回之相。兄弟两个自幼接受了良好的教育。因为才名外显，陆云十六岁时被东吴尚书举荐为贤良，兄弟两个也被时人誉为“龙驹凤雏”。

还在少年时代，陆云就名动三吴，被尊为贤。《世说新语》里记载了一个周处除“三害”的故事：

猛士周处因好勇斗狠，被当地百姓咒为“三害”之一。他在南山打虎下海除蛟后，百姓误以为他也死了，额手称庆。周处很惭愧，就找到了陆云，向他请教做人的道理，说自己本想重新做人，可惜年岁很大了，恐怕已迟，担心难有成就。陆云说：“古人认为，‘朝闻道，夕死可矣’，何况你正值壮年，‘且人患志之不立，亦何忧令名不彰邪’？”周处听后幡然悔悟，立志改过，发奋向上，后来担任了太守和将军等高职。据考证，那时陆云只有十几岁，而周处已经三十多岁了。小小少年，能令顽夫改志，可见其学识修养远超常人。

吴国灭亡后，陆机代父出征西晋被俘，后来被特赦回乡，开始了十年苦读生涯。当时，北地洛阳文化渐成主流，江南吴地文化日趋没落。陆机沉心静气，在故乡小昆山读书台研读经典，习字撰文，成为饱学之士，奠定一世文名。通过揣摩楚辞汉赋，开襟拓野，思考吴国之失，他创作了可与《过秦论》相媲美的《辩亡论》；通过研习李斯、蔡邕、钟繇书法，以秃颖劲毫，兼容草隶，形成尚韵的独特书风。后来《平复帖》流入宣和内府，宋徽宗赵佶爱不释手，亲加政和、宣和印玺，并加双龙纹印，还亲笔泥金书写“晋陆机平复帖”六个瘦金题字。明代董其昌在卷尾题跋上说：王羲之以前，钟繇之后，“唯存此数行，为希代宝”。

“石蕴玉而山辉，水怀珠而川媚。”这是陆机文学理论名篇《文赋》中的句子，用来形容二陆“有诸中而形于外”的美也十分恰当。到了晋朝太康末年，陆机、陆云兄弟受邀来到洛阳，谒见西晋文学家张华。张华与他们一见如故，高兴地说：“伐吴之役，利获二俊。”

“二陆”兄弟文章盖世，持论过人，自然誉满京华。当时有“二陆入洛，三张减价”之说。“三张”指张载、张协、张亢三兄弟，后来担任太子洗马的陆机经常被要求和“三张”等文士一同作诗词歌赋，与众人相比，高下立见。张华曾经说：“他人作文，才气不够，陆机为文，缺点是才气太多啊！”

《世说新语》也记载了陆氏兄弟的几件趣事，撷来一笑：

陆机去拜访太原士人王武子。王家是太原高门，武子父亲是王浑，当过晋朝尚书，武子也娶了晋朝的公主，和武帝的关系非同一般。见面时，王武子指着面前的几盆羊酪，问陆机说：“你们江东有这么鲜美的好东西吗？”陆机不卑不亢地回答：“我们那儿有千里湖面的莼菜羹，味道美到不用调盐都可以吃。”读文至此，从字里行间可见北方世族高门对南方俊秀的傲慢。

陆云在张华召集的一次宴会上，遇到了洛阳名士荀隐。彼此打招呼时，陆云自称：“云间陆士龙。”荀隐回答：“日下荀鸣鹤。”听来真是一副绝妙的人名对联。然后两人彼此揶揄。陆云说：“既然空中看到一只白雉鸡，怎么还不张弓射箭？”荀隐回应：“本以为是云间的一条龙，谁知是山里一匹野鹿而已，所以没有开弓啊。”一时引得张华拊掌大笑。同座的人都说陆士龙是当代颜回，陆云声名倾动朝野。百年以后，青年王勃在滕王阁上，借用此段掌故，挥笔写出了“望长安于日下，指吴会于云间”的佳句。

魏晋时期，士人之间重言语，尚清谈，拼机锋。东晋时《裴子语林》里还记载了另外一件南北士人互不买账的小事——

在一次公众集会上，看到文学家潘岳来了，陆机就起身走了。潘岳说：“清风至，尘飞扬。”陆机马上应声答道：“众鸟集，凤凰翔。”潘岳自视甚高，以清风譬喻，而陆机也自比凤凰以衬凡鸟，言高翔之志。

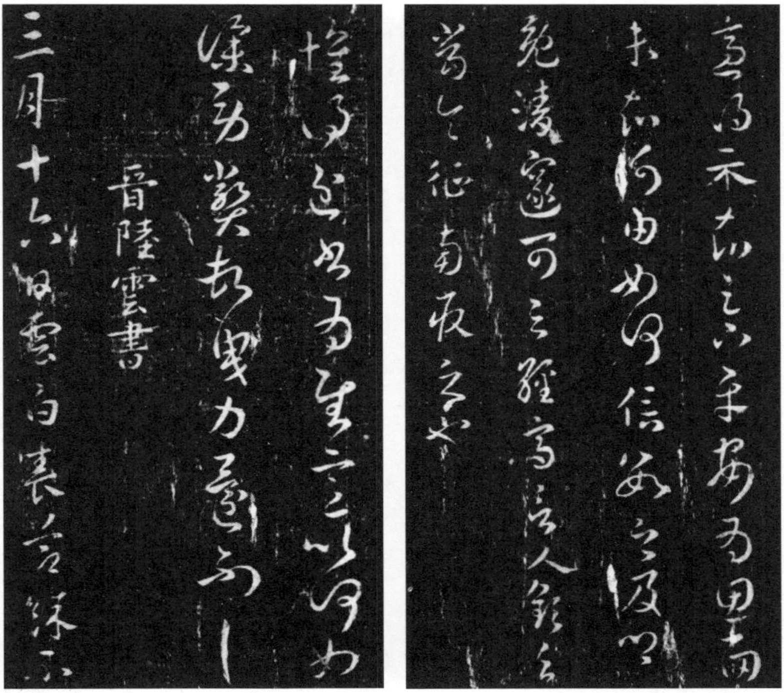

《春节帖》（局部） 晋·陆云书

华亭鹤

和“二陆”有关的记载，还有两只动物，一鹤一犬，足以让后人无限牵念。

陆机在松江读书时，陆云曾经到河南出仕过一阵子。回到故乡的读书台，陆机、陆云饲养了一种特别的宠物，那就是丹顶鹤。鹤，不鸣则已，一鸣惊人；不飞则已，一飞冲天。晋人喜欢玄学，见识高蹈，所以养鹤成为特别高雅的事。因为云间（松江府别称）有春中君黄歇修筑的海边驿亭，故也称华亭。名士所养的鹤，发音清亮，翩翩于庭，一时有“华亭鹤”之美誉。

后来，陆机写下了名文《羽扇赋》，托言宋玉“操白鹤之羽以为扇”的清雅，有别于那些挥动麈尾清谈的北方诸侯，或许就联想到了自己与兄弟在华亭养鹤的经历。多年后，陆机因带兵战败失利，为小人谗言陷害，被杀之前，曾经满怀感慨地写信给成都王司马颖道：“华亭鹤唳，岂可复闻乎？”满纸感伤，千载之下，读之令人泪下。

除了白鹤，陆家还养了一只黄耳犬。这只狗不但通人性，还极有灵性。据说，它曾经预报过东海地震，唤醒梦中的陆机；也曾经在陆氏兄弟读书的深夜，独自驱走过两只进犯的野狼。而最让人称奇的是，黄耳犬居然能千里传书。当时，陆机第二次到洛阳做官，日久思乡。一次看到

二陆草堂

随自己到异乡的爱犬，陆机开了句玩笑："家里久无音讯，你能帮我送信吗？"黄耳摇尾示意，于是陆机真的把一封家信封装在竹筒内系在狗脖子上，然后黄耳就一路向南飞奔而去。过了一段时间，黄耳真的渡江涉水，返还回来，带回了吴地佳音。这段轶事不但记载在《述异记》等笔记里，连唐代宰相房玄龄撰的《晋书·陆云传》里都有很详细的记载。以至于"黄耳"就成了古时信使的代名词。据说，黄耳死后，陆家人十分怀念它，在村南二百步筑黄耳冢，并建黄耳祠纪念，松江志书皆有记载。"黄耳"在吴语里与"黄泥"音同，黄耳祠后来被叫作"黄泥寺"。该寺到近代犹在，1939年毁于日军炮火。

黄耳犬，因为因缘际会成为文化史上的名物，何其有幸啊！

西晋时，朝野倾轧，时局动荡。期望有所作为的"二陆"，在司马氏诸王间徘徊周旋，既充满了凶险，又无可奈何。陆机曾经有一首名诗《猛虎行》，就留下了耐人寻味的思想轨迹：

渴不饮盗泉水，热不息恶木阴。

恶木岂无枝，志士多苦心。

历史吊诡，文韬武略的名将陆逊，子孙有袭武，亦有承文。而陆机在吴亡前夕，继承父亲的兵将，仍以牙门将披挂出征西晋，战败被俘。再后来，在"八王之乱"后，陆机带兵出征大败，因受小人谗嫉，被成都王司马颖诛三族，牵连了兄弟陆云以及另外三位在世的兄弟，惨烈异常，让人不禁扼腕。以武开局，以兵劫散，这是江东陆氏的命运。幸好，还有文字，让陆氏兄弟借此留下了家族的盛名，代代传播繁衍。

魏晋以来，吴地有四大姓，《世说新语》概括为"张文、朱武、陆忠、顾厚"。陆机、陆云一族虽被诛杀，但陆氏宗族里代不乏人，文采灿然。唐代就产生了陆贽等宰相六位，又有陆龟蒙等学者诗人。陆氏至今仍是苏州、上海一带的大姓，苏州陆慕、浦东陆家嘴等地都有大量陆氏后人聚居，可谓薪火相传，昆玉留辉。

白居易：苏州刺史例能诗

明代江南一带流行一首叫作《大九连环》的歌谣："上有天堂，下有苏杭。杭州有西湖，苏州有山塘。"山塘与西湖并称，足见山塘的魅力，而能把西湖与山塘连缀起来的人，正是唐代诗人白居易。白居易在杭州、苏州都做过官，他在杭州时修筑了西湖白堤，而在苏州任刺史时修建了山塘街。

白居易给苏杭两地留下的不仅仅是政绩工程，更是值得传诵的名声。文化的穿透力延展古今，绵绵不绝。

诗案

白居易在苏州任职只有短短的一年半时间，但他还是为苏城百姓做了很多事情。时间已经转过了一千多年，所有的遗迹都被岁月渐渐湮灭，在苏州寻找白乐天的遗踪已经非常困难了，除了地方史志上的零星记载，只有模糊不清的口耳相传。不过，如果你细心一点，略略怀上三分对历史的崇敬之情，穿行在苏州的古老小巷，或许会有很多收获。

来苏州旅游的人一般都到过拙政园。在喧闹的游客群中穿行时，不知你有没有注意过一个叫宜两亭的小景点？

那个小亭子踞于波形水廊的南面假山上，正好位于拙政园中部和西部的分界墙边，可以同时俯瞰中西两园的景色。据说这拙政园在清代时分为几家，中西两园各为其主。当时西园主人准备在围墙边造一高楼，惹得中园主人十分不满。因为，如果西园造起高楼，自己家的一举一动都在邻居的眼皮底下，还有什么隐私可言？双方为此争吵不休，几乎对簿公堂。后来有个朋友出面调停，使两家人冰释前嫌，和好如初。

朋友说了个故事：曾做过苏州刺史的白乐天与好友元稹早年比邻而居，两人是知己好友，经常酬和诗作，两家人也相处得十分和睦。白居易曾赠给元稹一首诗，其中两句是："明月好同三径夜，绿杨宜作两家春。"诗的原意是唯有明月与春光不薄人间，而相处和谐，自然是春色满园。你看先贤古人都能处理好两家的关系，我们怎么会搞不好呢？于是，西园的主人改变了主意，在修楼的地址上改造假山，在假山上修了一座亭子，命名为"宜两亭"。这样，中园既可以保护墙内隐私，又可以借景墙外风光。西园也有了制高的观赏点，两家相得益彰。

看看，一千多年前的诗人刺史留下的一句诗，竟然解决了一场诉讼。

寻诗

据记载，白居易是在唐敬宗宝历元年（825）到苏州赴任的。那一年，他已经五十四岁了。白居易虽祖籍山西，生于河南，但小时候在浙江生活过，所以对江南一带还是很熟悉的，更何况他这两三年来一直在杭州当刺史——只是在去年秋才去了洛阳，可以说从一个天堂到另一个天堂做官。这样的美事，也许是上天有意的安排和眷顾吧？

那一年的三月十九日，白居易从河南出发，到苏州时正逢端午节。苏州人早就听说了这位诗品和人品俱佳的刺史要来，连小孩子都上街打扫尘土，对他表示欢迎。这些都是白居易自己诗里记载的。所以，到苏州寻访白乐天的遗迹，最好再带上一本他的诗作，按诗索迹，别有趣味。

《水浒传》里宋江被发配江州，戴宗请他到浔阳楼吃饭，此处正是白乐天写《琵琶行》的所在。小说家借宋江之口赞道："昔日乐天声价重，当年司马泪痕多。"可见唐以后到明代，就有人寻访白乐天的遗迹了。

白刺史下车伊始，没有花天酒地，也没有感谢有司给了块肥差而上下打点，而是自加压力，自我劝勉。"十万户州尤觉贵，二千石禄敢言贫？"说得多好，十万户的苏州在当时已经是雄州了，相当于今天的计划单列市，而自己月俸两千石粮食，真的是不少了。自己何德何能，统领此古代吴国的领域。因此白居易不断严格要求自己，减少无谓的应酬。唐时有

白居易画像 选自《南生鲁四乐图》 明·陈洪绶绘

官妓，而苏州又是江南佳丽地，美女是少不了的。但白居易没有沉湎，他“经旬不饮酒，逾月未闻歌”。志书上的记载也是如此。白刺史办事认真严谨，经常忙于公务，连平时联络很多的朋友来了，都不出面接待。

忙归忙，诗还是没少写。苏州历史上有三个诗人刺史：白居易、韦应物和刘禹锡。他们为官一任，造福一方。白居易和韦应物离任后都被称作“白苏州”和“韦苏州”。当代，唯有已故作家陆文夫，虽不是苏州人，但因为宣传推广苏州之美，人皆称之为“陆苏州”。扯远了，说白苏州吧。公余之暇，白诗人也出去转转，既是考察民情民风，也是散心赏游。

白居易诗中反复提到一个地名，那就是乌鹊桥。他在《登阊门闲望》里写道：“阖闾城碧铺秋草，乌鹊桥红带夕阳。”乌鹊桥在今天的五卅路南，因吴国古馆乌鹊馆而得名。古时为武康石拱桥，桥高水阔，可以四眺周围景色。到清末还是苏州城内有名的古拱桥，后来荒败破损至不能通行。民国时，在省立第二图书馆馆长蒋吟秋、江苏一师附小施仁夫等名士的倡议筹划下，旧桥得以修复，考虑到汽车通行和行人的方便，新乌鹊桥改为平直小桥。以乌鹊桥命名的路也很有特色，一度成为苏州的电脑一条街，苏州的年轻人都知道那里，经常光顾。

赴任苏州第二年的正月初三，白居易出来巡城，他从黄鹂巷口穿过黄鹂坊桥，再到乌鹊桥，虽是正月初，但已见枝头春色，河畔春风，“黄鹂巷口莺欲语，乌鹊桥头冰未消”。白刺史诗兴大发，又为水城苏州写下了最好的城市推介名句：“绿浪东西南北水，红栏三百九十桥。”

苏州西郊的天平山，虽不甚高，但也插峰西北，旧称“白云山”。半山处还有白云泉。白居易公暇时也曾登临天平山，手书“白云泉”刻于山石之上，并题诗一首：

天平山上白云泉，云自无心水自闲。

何必奔冲山下去，更添波浪向人间。

现在，由当代著名书法家费新我先生书写的此诗，便勒石在山中。

作为诗人，白居易还以自己特有的审美视角，发现了太湖石之美。他在洛阳和庐山都建有草堂私园，到苏州后尤其喜爱太湖一带所产的石头，曾经托人把自己在苏州觅得的太湖石和白莲花种千里迢迢地运到洛阳的宅院，并为该宅院取名为“白莲庄”。离开苏州多年后，他还应约为酷爱石头的宰相牛僧孺写过《太湖石记》，提出太湖石是观赏石的第一名，并从艺术审美的角度论述太湖石的观赏趣味。

白公堤

白刺史在苏州的时光虽短，却为民众做了一件功在当日、利在千秋的好事。

唐代苏州水网密布，塘湖相连。虎丘山塘的半塘以西一带曾经是一

片湖沼，地势低洼，一不能种田，二不能行舟，给百姓生活带来了很大的不便。

在巡城过程中，白刺史了解到这个情况，立即决定修造水利。他募集工人，筹集善款，修筑堤堰，把东起通济桥西至西山庙桥，全长五百五十多丈（约1833米）的堤塘接通，理水筑堤，改善了原来的水利环境。《虎阜志》上说，“民始免病涉之苦”，百姓从此不再受水患。白居易毕竟还是诗人，修塘岸便少不了诗情画意。他让人在长堤两侧种上了杨柳和桃李，每到春来，花红柳绿，白水泛舟，酒肆歌楼日渐繁华。到了明清两代，热闹的山塘堪与西湖相媲美。明末士人张岱在《陶庵梦忆》里专门写了当时虎丘中秋夜，山塘灯火花船迤逦，男女摩肩接踵的盛况。

白居易自己在工程竣工后来山塘游玩，写了这样一首诗：

自开山寺路，水陆往来频。

银勒牵骄马，花船载丽人。

菱荷生欲遍，桃李种仍新。

好住河堤上，长留一道春。

苏州是诗酒之乡，但诗名甚，酒名薄。虽然古人曾说“吴姬压酒劝客尝”，可诗里劝的是色，而不是酒。吴越时代，吴王好酒，但喝的都是苦酒。根据清人考证，吴国曾有两座酒城，其一在横山之趾，吴王昔酿曲蘖于其中，名为“苦酒城”。

在白居易到苏州来之前，苏州人喝的一直都是这种苦酒。喝惯了浙江绍兴一带美酒的刺史，发现苏州的酒实在不好喝。于是，他从外地请来好的酿酒师傅，利用苏州的好水，把别处的酿酒技艺带到了苏州，改良了吴地的酿酒传统。从此，苏州也有上好的美酒了。在《酒府》一诗中，白刺史开心地写道：“自惭到府来周岁，惠爱威棱一事无。惟是改张官酒法，渐从浊水作醍醐。”

一个刺史，在上任一年多的时间里，能给百姓做这么多的事，当然被人们铭记。或许，诗人刺史留下名字的机会比一般人高，但这位诗人留下的不仅是名字，更是悲天悯人的情怀，以及为民服务的真诚精神，这也是一般俗吏永远无法比拟的。

第二年，正在白老先生满怀激情准备为苏州百姓更好地服务时，他在巡行时不小心从马上摔了下来，扭伤了腰，而更不幸的是，到了当年的秋天，他又因用眼过度而生了眼疾，于是不得不在这年的秋冬之际，因病卸任离苏。白老先生的好友、也做过苏州刺史的刘禹锡在一首诗里记述白刺史离别苏州时的行状，简短十个字，足见深情：

姑苏十万户，皆作婴儿啼。

位于山塘街的白公桥遗址

离开苏州十四年后，诗人白居易在洛阳编辑自己的诗文作品，结成《白氏长庆集》，他专门眷录了一本，托人千里迢迢送到苏州的南禅寺千佛堂留存。这，是诗人对昔日宦游之地深沉的纪念。

后世的苏州人为纪念白居易，将山塘命名为“白公堤”，并把河上一座桥也命名为“白公桥”。旧时还有个白公祠，但没有留下来。2007年春，山塘渡僧桥北新建了白居易纪念馆，免费对游客开放。

山塘街目前已经成为中国历史名街，在旅游经济拉动消费的时代，四季人头攒动，游客如云。或许可以这样说，白诗人给苏州子民所造的福泽还远不止于理水造桥，他还给了后世子孙一个取之不尽的聚宝盆。

苏东坡：名城名士两相宜

和白居易不同，大诗人苏东坡没有在苏州做过官，但他和苏州的渊源却非常深。这位名动天下的大文豪，给苏州最好的礼物，是帮助苏州旅游做了一个大大的品牌广告。不用说，就是那句：“到苏州不游虎丘，乃憾事也。”究竟是谁借谁的名分，并不重要，反正你来虎丘，多半会想起苏东坡。

苏东坡和虎丘

“到苏州不游虎丘，乃憾事也。”考证这句话的出处，倒有点困难。明代杨升庵的《词品》中记载的是，苏东坡说：“过姑苏，不游虎丘，不谒闾丘，为二欠事。”究竟是憾事，还是欠事，意思差不多，总之是留有遗憾的事。这“二丘”，一个是地名，一个是人名。“虎丘”指虎丘山，在苏州城西北，山上有云岩寺塔，是苏州古城的地标建筑。“闾丘”，是复姓，指的是一个名为闾丘孝终的官员。究其实，东坡是用虎丘来引出闾丘。一则押韵，另外也显出几分幽默。

闾丘孝终是苏州人，曾任黄州太守。苏东坡曾被贬到黄州任团练副使，在闾丘孝终手下任职。闾丘孝终爱才敬人，没有在苏轼落魄时落井

《陆廉夫临张宏东坡笠屐图》，绘于光绪年间

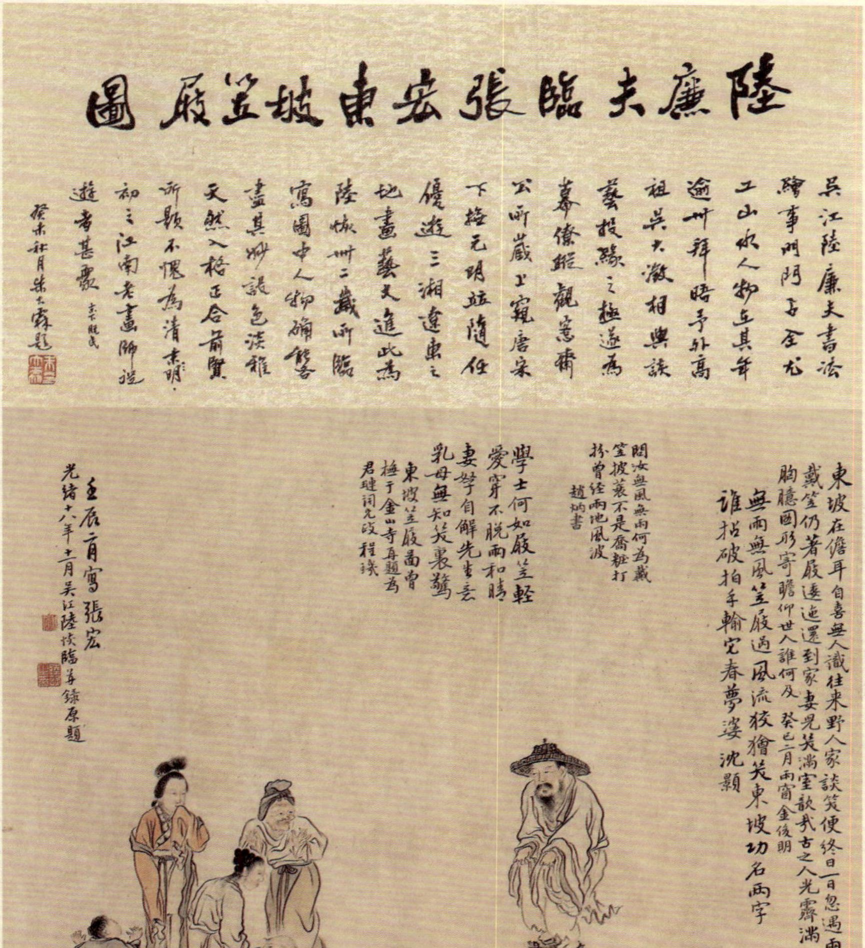

下石，所以才有了雪堂与东坡的佳话。后来闾丘孝终致仕回苏，所居小巷称“闾丘坊”，此巷至今仍在。苏东坡与闾丘孝终交谊深厚，到苏必访闾丘。东坡还赠闾丘一首《浣溪沙》词：

一别姑苏已四年，秋风南浦送归船，画帘重见水中仙。

霜鬓不须催我老，杏花依旧驻君颜，夜阑相对梦魂间。

苏州给苏东坡留下了深刻的印象。他在杭州、湖州任职期间，就曾多次游历姑苏，更寄情于虎丘山水。据记载，他每次上山，都歇息在虎丘东南角小吴轩旁的一处房屋。东坡游虎丘怀古思幽，徘徊上下，自然少不了诗篇。其中有一首送给太守王规的诗写道：

当年大白此相浮，老守娱宾得二丘。

白发重来故人尽，空余丛桂小山幽。

小吴轩内景。东坡曾有『过苏而不登虎丘，俗也；登虎丘而不登小吴轩，亦俗也』之语

东坡在诗中注解说，苏州太守王规的父亲说过，到苏州“不谒虎丘，即谒闾丘”（看来，这才是苏州“二丘”之语的最原始出处）。不过，既然是东坡诗句，人们更愿意这话是著名文士苏东坡说的。而其实，苏东坡写给苏州的还有两句有意思的话，也应当记取：

过苏而不登虎丘，俗也；登虎丘而不登小吴轩，亦俗也。

这两句才真正体现了大文豪的诗心，这是对苏州虎丘的最高褒奖，也是对山水名胜的高下判断。据说，看到大学士苏东坡过访，虎丘寺的禅师觉印、智通赶紧出来迎迓。东坡与虎丘寺长老智通为旧交，常有书信来往。两位禅师拿出了苏州最好的贡茶——虎丘山白云茶，款待东坡学士。此茶产量极少，味道绝佳。贡茶出名后，历代官吏都来索要，虎丘山寺僧不胜其扰，一生气，就把茶树砍了，白云茶自此绝迹。当年招待东坡居士，上的是白云茶，配的是虎丘山被“茶圣”陆羽封为“天下第三泉”的泉水，这绝对是上宾待遇了。名茶、名泉、名士，还有名僧，是何等风雅的事！话说东坡与两位高僧谈禅论诗，十分投缘，兴味十足，常常留宿于小吴轩西侧名叫“一山最胜处”的小楼内，后来这楼也被称为“东坡楼”。

到了明代，东坡楼早已不存。为纪念东坡居士与苏州的这段奇缘，嘉靖四年（1525），郡守胡缵宗在东坡楼旧址上，重新起建了仰苏楼，并题“云水阁”匾额，让天下追慕先贤者到此景仰陈迹。清康熙帝也曾登仰苏楼，题有“波光先得月，山秀自生云”匾额。可惜，仰苏楼毁于咸丰年间兵燹。近年，景区工作人员在虎丘山道上还曾发现过“仰苏楼界”碑石。

此外，大诗人苏东坡还在虎丘留有诗痕。据说剑池岩壁上的铁华岩和虎丘塔后面的千顷云阁，就是后人以苏东坡《虎丘》诗中“铁华秀岩壁”和“云水丽千顷”两句诗命名的。

定慧寺

有记载表明，北宋熙宁七年（1074），一年间苏东坡就三次到过苏州。当年九月，他被任命为密州（今属山东）太守，离杭北上时路经姑苏。在苏州太守王诲举行的宴会上，东坡作了一首《阮郎归》词：

一年三度过苏台，清尊长是开。

佳人相问苦相猜，这回来不来？

情未尽，老先催，人生真可咍。

他年桃李阿谁栽，刘郎双鬓衰。

有研究者香艳地猜想，诗酒风流的东坡，在苏州肯定有相识的佳人或者歌妓，他们至少两度交往，可惜留下的资料太少，无从考证是谁。

当然，东坡到苏州，其实不只是游谒“二丘”，也常到城东的定慧寺小住。说来有缘，或许是在黄州也有同名的定慧寺的缘故，东坡对此寺钟爱有加。今天，在定慧寺巷旁，还有一条叫作“苏公弄”的小巷，便是为纪念东坡而命名的。有记载，因为与寺僧交谊深厚，东坡在定慧寺附近有了常住的客所，名为“啸轩”。

东坡与僧人关系好，诗文笔记中常能见到，而在苏州，还留下了一段千里送信传诗的佳话。主角就是定慧寺的一位僧人，名叫契顺。苏东坡把他记载在《东坡志林》和《书归去来辞赠契顺》里。

那时候，命途多舛的苏东坡被再次贬谪岭南，困苦不堪之际，忽然从江南来了一位故友，是谁呢？原来就是苏州定慧寺僧人卓契顺。当苏东坡看到这位禅友时，只见他脸色乌黑，脚生重茧。原来，这位和尚徒步从苏州走到惠州，化缘乞食，跋山涉水，足足走了三个多月。一见面，契顺就拿出了东坡长子苏迈的家书，让谪居广东的苏东坡感动不已！

故事在笔记《东坡志林》里是这样记载的：

苏台定慧院净人卓契顺，不远数千里，陟岭渡海，候无恙于东坡。东坡问：“将甚么土物来？”顺展两手。坡云：“可惜许数千里空手来。”顺作荷担势，信步而去。

实际上，会面远远不是这般潇洒的禅意，契顺不但带来了问候，还带走了一幅字。在东坡文集《书归去来辞赠契顺》中，故事更加有血肉。当契顺拿到东坡给儿子的回书后，苏东坡问他有什么要求吗。契顺回答说：“我是因为没有所求才不远万里到荒岭来看你的，如果有所求，就去大都市逍遥了！”东坡感动极了，苦问所求。契顺说：“当年颜真卿绝粮江淮之际，有个兵士用船载米接济他，颜公送了一幅字给那个士兵。我虽然没有米，但是你可以效法颜鲁公，送一幅字就行了。”

苏东坡当下就欣然命笔，书写了一幅陶渊明的《归去来兮辞》给契

定慧寺正门

顺。既明己志，又表达了对和尚的深厚情谊。后来，契顺回送书信给苏迈，路过江西陶渊明故居时，觉得东坡的《归去来兮辞》放在那里应该更合适，便毅然将它留下。卓契顺回苏后，如实将此事告知定慧寺守钦长老，并留下了记录。

义僧契顺高风德懿，让人唏嘘感叹。他与东坡的故事继续感动着后面的人。到了明代，苏州知府况锺等人追慕东坡学士，想起此事，专门让定慧寺僧人赴陶渊明故居，将苏东坡书写的《归去来兮辞》原碑拓回，复刻石于定慧寺内。东坡法帖，终于归去来苏。又过了四百多年，到清道光年间，因岁月剥蚀，《归去来兮辞》碑已模糊，时任苏州按察使的李兰卿提议重新修葺，并捐俸资，盖亭奉碑，名为“苏亭”。官员慕雅，引得苏城文人名士纷纷题咏，并由顾沅辑成《苏亭小志》刊行。

今天，双塔碑廊保存着一块“苏文忠公宋本真像”石碑。这是李兰卿从书法家、金石家翁方纲那里得到的东坡像。据碑刻记载，在双塔寺后还建有苏公祠。蒋稚翼先生对东坡在苏遗迹考证多年。他回忆，曾在一次拍卖会上，见到清代画家黄鞠所画长卷《苏亭图》，长卷引首有四个大字——“坡仙遗迹”，又有状元石韫玉、吴廷琛等人的题款，可见当时修复《归去来兮辞》石碑和建造苏亭等事之轰动。可惜，石碑和苏亭都

《苏亭图》 清·黄鞠绘

毁于咸丰年间的炮火。据说光绪年间又有官员召集重修，不过，重修的遗迹今天也不见踪影了，徒令后人追想。

苏东坡一辈子宦迹天涯，走过许多地方。晚年在一幅自画像上，他曾经题过这样几句：“心似已灰之木，身如不系之舟。问汝平生功业，黄州惠州儋州。”但是，要说他最眷恋的城市，除了杭州以外，那就是苏州了。在另一首诗里，他是如此规划人生归处的：“平生所乐在吴会，老死欲葬苏与杭。”

苏东坡归葬苏州的愿望虽然没有实现，但他的部分意愿却间接地完成了，那就是东坡有不少后人播衍生活在苏州。众所周知，苏东坡去世后，子孙都定居常州。但是，经过漫漫时光的流变，很多分支也迁徙到古城苏州。近年来苏州陆续有苏氏家谱问世。据新近看到的族谱记载，苏氏第十八代和第二十九代后人，分别从无锡和东山迁至苏州大成坊和采莲巷，生活至今。

“前身陶彭泽，后身韦苏州。”东坡在世时恐怕想不到，自己的后人居然变成了地道的苏州人。看来，东坡的文化影响和血脉传承，和古城苏州缘分颇深，延绵不绝。

沈周：吴门画宗，石田大穰

2012年11月5日，江南晚秋的阳光穿透苏州博物馆婉曲的廊道，二楼南北两个对称的展厅里，汇集展出了明代“吴门画派”的开宗大师沈周的五十件书画。这批来自海内外十几个博物馆的馆藏精品，在穿越五百年的岁月风尘后，又重新聚首在绘者的故乡苏州，这也是国内首次举办沈周作品个展。石田大穰，因缘聚会，一时引来无数艺术爱好者摩肩接踵，观摩赏鉴。

据说，在展览开幕的当天，远在苏州北郊相城区湘城镇的沈周墓前，不知是谁悄悄地放了两束鲜花，以示馨念。

得失

沈周，字启南，号石田，与文徵明、唐寅、仇英一起被誉为“明四家”。作为明代最有影响力的画家之一，沈周开宗立脉，重振了文人画传统，成为中国画史上的标志性人物。而受他影响的文徵明、唐伯虎、陈白阳等诸多弟子，也熠熠生辉，名重丹青。

沈周长什么样子呢？在没有相片的时代，画像是最重要的留影。

故宫博物院藏有一幅佚名画家绘制的《明人画沈周半身像》。画像

石田老人像 佚名绘

人謂眼差小又說頤太
窄我自不能知亦不知
其失面目何足較但
恐有〻德苟且八十年
今與死隔壁
正德改元石田老人自題
似不似真不真紙
上影身外人死生
一夢天地一塵浮
休〻吾懷自春越
年石田又題

上，沈周戴着黑色的帽子，一袭宽松飘逸的黄色长衫，面容瘦削，几缕白须拂胸。据说，老年时沈周很喜欢请人为自己画像，画这张像时，他已经八十岁了。他还在画上自题达观生死的小诗。

沈周祖上原是苏州城里的大族，后来家道衰落，迁到城北湘城。沈周伯父沈贞和父亲沈恒都擅长绘画与诗文，所以他从小就打下很好的诗书绘画底子。少年沈周跟当时画坛名宿陈宽学画，随博通经史的杜琼学诗文，十五岁时，就表现出了不凡的才学。

尽管家道中落，但沈家在湘城一带仍属于富户。父亲沈恒是当地的粮长，负责替上司收缴粮赋。这是个苦差事。一次，沈周代父到南京听候宣谕。这时，户部的崔侍郎听说沈家公子有才名，就当场考沈周，让他以“凤凰台歌”为题写诗。沈周援笔立就，词采华茂。崔侍郎一看，诗写得非常好，赞叹说：“此子有王子安的才华啊！”王子安就是写《滕王阁序》的初唐才子王勃。于是，爱才的崔侍郎下令豁免沈周父亲粮长的繁役。

少年沈周仅用一首诗就解了父亲的烦恼，可他并没有科场功名之志。文徵明记述，沈周青年时，地方官有次想举荐他。沈周翻出易经，卜筮了一卦，得遁卦，卦辞上说：嘉遁，贞吉。沈周笑着说：“看来我这一生要隐遁起来了，于是就推辞了。”自此寄情丹青，终生未仕。

沈周家里的书画收藏很丰富，让他从小就得以见识到北宋李成以及元代王蒙的画，还有浙派名家的许多作品。值得一说的是，就连赫赫有名的黄公望《富春山居图》，早年也被沈家收藏过。这幅国宝级的名作上就有沈周的印章，沈周是继无用师后的第二位收藏者。沈周景仰黄公望，但却没有对此画秘而宝之，朋友来时他总是拿出来与人共赏，一起品评。一次，沈周将《富春山居图》拿去请朋友题跋，竟被朋友的儿子藏匿。尽管内心十分痛惜，但一贯为人宽厚的沈周，并没有追究。为了暂慰失画之苦，沈周根据自己的记忆，将长达三丈的富春长卷从头至尾地背临了一本，于是有了传世的《仿黄公望富春山居图》。沈周临摹，不刻意求似，而是综合了黄、王、吴、倪众家笔墨，并有独特的沈氏风格。几年后，沈周发现此画被高价出售，因囊中羞涩而难以购回。后来，黄氏原作和沈周仿作都被苏州官员樊舜举拥有，他邀请沈周来题跋。于是，沈周在自己的作品上写了长长的跋语，说原来世间得失均有定数，不禁让人临纸惘然。

“我家沈先生”

沈周作品平稳大气，构图中矩，山水花鸟小品无所不精。更重要的是，他的画品如人品，身上既有儒家的豁达通透，又有谦和敦厚的长者之风。文徵明回忆老师，经常用“我家沈先生”称呼，足见其待人之亲切和气。画史之外的笔记也记录了不少沈周的轶事，读来饶有兴味。

沈周中年后名气大增，南北各地来求画的络绎不绝，不管沈周走到哪里，都有求画的人，使他不胜其扰。祝枝山曾经在《记石田先生画》里记载，沈周名望最高的时候，很多来求画的，拿着厚厚一摞纸来，沈周也毫无怨言，处之泰然。有次，沈周到杭州去游玩，后面跟着一大批求画者。没办法，沈周只好躲到寺庙里去。有位朋友写了一首诗调侃：“送纸敲门作画频，僧楼无处避红尘。东归要了南游债，须作金山百亿身。”同为沈周好友，明代赋闲宰相王鏊记述过这样一件事：沈周名气很大，活着的时候，就有不少仿冒他的作品牟利的。有一位无名的穷画家为了赡养母亲，临摹了不少沈周的作品，还拿来请沈周题字。沈周看了，觉得画家画得不错，不但没有生气，还高兴地帮其润色补笔，最后为作品题款钤印。画家十分感动，沈周说：“因为你是孝子，我不能不帮。”

对上门求画的，沈周来者不拒，对来函求画的，沈周也是一样。有一次，沈周收到一封信，原来是浙江的一位僧人喜欢他的画，来信要请沈先

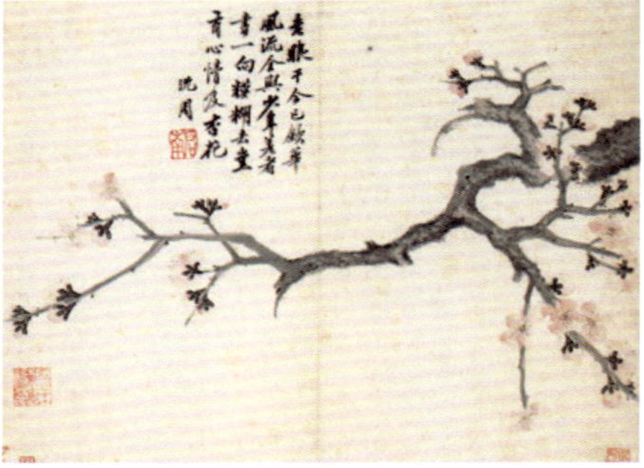

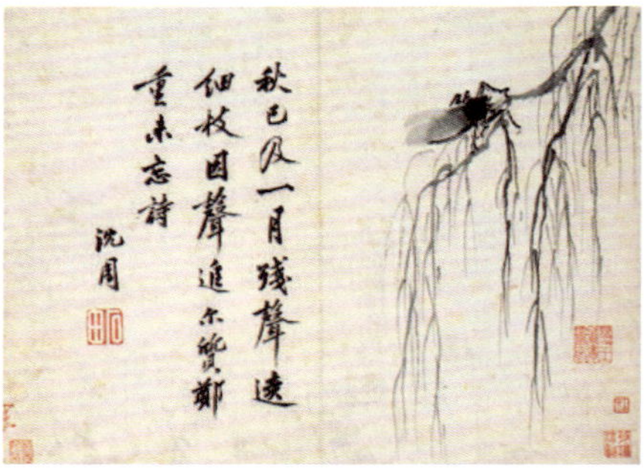

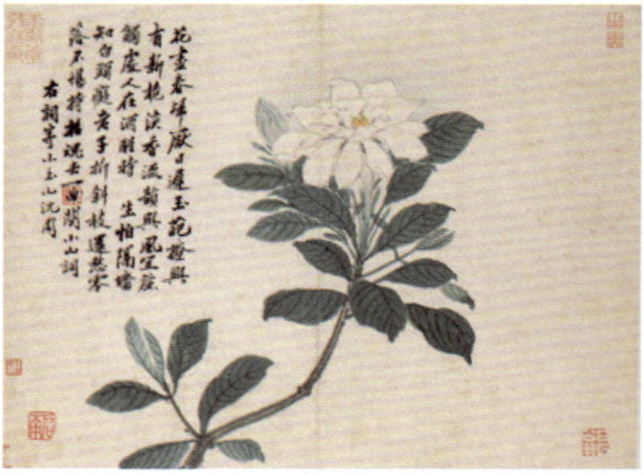

《卧游图册》 明·沈周绘

沈周

沈周

沈周

沈周

茸、毛色半含黄何
獨啾、去母傍白日
千年万年事待
渠催晓日應長沈周

沈周

沈周

生画一幅。这位和尚也有趣，居然把作画的要求写成一首诗："寄将一幅剡溪藤，江面青山画几层。笔到断崖泉落处，石边添个看云僧。"面对这种点名索求的乞画僧，沈周也不以为忤，按照和尚的要求，画好并寄去。

《明史》里还记载了沈周另外一件趣事。据说沈周晚年名气很大，乡里有人妒忌他。刚巧苏州某郡守造府衙，需要画工彩绘墙壁。乡里人就把沈周的名字报上去了，郡守初来不知情，就征召沈周去画壁。有人劝沈周，说沈先生您和权贵朋友打个招呼，就能免除劳役。沈周笑笑说，服役是义务，托人打招呼是对自己的侮辱，于是就去认真画墙壁了，直到完工也未吭一声。后来，这位郡守到京城去，上司问：沈先生身体还好吧？郡守不知道说谁，只好漫应答说，还好。后来，郡守又觐见内阁大学士李东阳，李东阳问：沈先生有信带给我吗？郡守惶恐地回答：或许有吧，可能还在路上。仓皇出来后，郡守拜见苏州籍状元吴宽，问，沈先生是谁啊？吴宽说，就是沈周沈石田先生，是鄙郡的高士呀。回到苏州，郡守悄悄问起左右，沈高士在哪里？左右说，就是给您府衙画壁彩绘的人啊！于是，郡守急忙赶到湘城沈周宅上拜谒，引咎称歉，一直要在沈周家吃了饭才回去。

探梅

决定隐居不仕后，沈周将家事完全交给长子云鸿经营，自己在离家不远处，修了一个别业，取名"有竹居"。此地有修竹流水，碧草萍花，从北窗眺望，还能隐约看到虞山的四时景色，环境十分清幽。这里既是沈周读书作画的地方，也是他和朋友如吴宽、朱存理、李应祯、杨循吉等人研讨诗书、观摩书画名作、宴饮欢聚的场所。

偶有闲时，沈周也乘舟到苏州府城访友，每次都在城内的寺庙里寄居，或者和好友一起赏游苏州周边山水胜迹，如虎丘、西山、阳山、光福等地。这些风光连同送别和纪游，都被沈周用丹青水墨留在尺素上，除了艺术价值外，还有重要的文献价值。明成化十一年（1475）的一个冬日，沈周和两个客人携酒到城内竹堂寺探梅，大家在窗旁饮酒赋诗，谈兴甚欢，“花不留人人自住，满身毛骨沁冰影”。而后，沈周乘兴作了一幅《竹堂寺探梅图》。数百年后，晚清帝师翁同龢在看到这幅图轴后，又欣然步韵和《观梅》诗，留下佳话。

从绘画艺术上看，沈周的绘画面貌可简略分为粗笔与细笔两种。书画鉴赏者一般把他早期精工细密的一路作品称为“细沈”，而把他成熟期创作的粗放作品称为“粗沈”。这是因为沈周早年学习王蒙细密幽深的笔法，以此描摹江南草木华滋的风貌；中年以后，沈周广泛学习各家笔法，从早期的盈尺小景拓展为大幅作品。他还在花鸟、小品、册页上下了很大功夫。五十八岁后，沈周开始启用“白石翁”印章，形成“粗枝大叶，草草而成”的成熟风格，逸出诸家藩篱，终成“吴门画派”开派宗师。

沈周中年后学习北宋大书家黄庭坚的书法，后期又形成自己风骨挺拔、疏俊秀朗的风格，与晚期画作相得益彰。更为可贵的是，因为沈周受到过良好的诗文教育，从他开始，绘画作品的题画诗也进入一个新的境界。沈周作品里的题诗多能缘情随事，因物赋形，而且题材广泛，既学东坡，又效陆游，开阖变化，纵横百出。有人说沈周的诗，刻在集子里的，都不如题在画上的。文徵明评价沈周的诗：“不经意写出，意象俱新，可谓妙绝。一经改削，便不能佳。”可见，沈周自在吟诵的诗作，往往机趣天成。

沈周晚年，经历了一次丧子之痛。长子云鸿中年离世，对七十七岁的沈周来说，是白发人送黑发人的伤心事，但对苏州文坛来说，却无意形成了一个值得记取的“落花诗会”。老年丧子的沈周，情绪十分低沉，他对春天和花朵十分留恋，先后画了好多幅和落花相关的画作，借春去无情来表达内心的悲伤和无奈。第二年春天，沈周为排遣心绪，写了十首七律《落花诗》。诗作在朋友和弟子中传开，几天后，文徵明和才子徐祯卿分别和了十首。反复读了弟子们的慰问和诗，沈周居然又苦吟和诗十首。这些诗，一时成为苏州乃至南京诗坛的话题。中秋节后，弟子文徵明带回了南京诗人吕㦂的十首和诗。沈周于是再和十首，在这段时间就一共写了三十首落花诗。到后来，沈周还不断写作这个题材，《石田诗选》所收录的落花诗足有五十首之多。

“和诗三十愁千万，此意东君知不知？”这两句诗是平日里留恋诗酒风月、花前月下的大才子唐伯虎的和作。看了老师作的几十首落花诗，想到自己一生的落魄坎坷，“江南第一风流才子”心弦拨动，诗兴大发，居然一口气和了三十首。于是，就有了圆润柔美的行书《落花诗帖》，成为现存唐伯虎书法的扛鼎之作。

论者说，沈周还是文人写意花鸟画的真正开启者，他晚年画的一套《卧游图册》炉火纯青，堪称经典。紧随其后的“青藤白阳”（指徐渭、陈淳）等人的泼墨写意作品，均受到沈周的影响；周之冕的“勾花点叶派”、恽南田的“常州画派”也与沈周有一定渊源。

沈周去世时已有八十二岁，被安葬在湘城。现今墓址所在地被命名为沈周村，据说村中沈姓均为其后人。沈周一生作品不少，但留下来的多被海内外各大博物馆珍藏，比较分散。即使是在故乡苏州，以明清绘画藏品为傲的苏州博物馆中，也仅仅藏有三件沈周作品，分别是《花鸟图》册、《岸波图》卷、《行书五律诗》轴。

2014年3月，台北“故宫博物院”推出了“明四大家特展——沈周”，汇集展出了更多的沈周精品力作。在高悬的巨幅《庐山高图》画作前，你能深深地感受到四十一岁的沈周，为老师陈宽做寿的崇敬之心。而他的花鸟草木图册，有少见的鸭禽驴兽，也有江南水族虾蟹，更有萱草蜀葵，活泼质朴，精雅文静，气息沉古。有一只写生的猫，画成一团，两眼神聚，造型大胆，仿佛是穿越时空的现代主义作品。

按照画史评价，大师沈周作品，当入神品之列。而在世界美术史的坐标上，与沈周同时代的西方画家则有达·芬奇和米开朗琪罗。

《庐山高图》 明·沈周绘

廬山高

文徵明：衡山共仰，文脉不绝

明清两代书画史上，书品、人品俱佳的文徵明绝对是一座仰之弥高、绵延深远的山峰。

清代的宫廷书画收藏在乾隆年间达到顶峰。据《石渠宝笈》和《秘殿珠林》两本著录记载，内府收藏书画数量最多的是“元四家”和“明四家”的作品，其中文徵明的作品蔚然大观。有人统计过，清廷内府收藏的文徵明书画最高峰时达到二百零九件，足见历代皇帝对其作品的欣赏和喜爱。清代末帝溥仪回忆，民国时他和弟弟溥杰盗运了许多国宝级字画出宫，其中仅文徵明的书画就有四十三件。这些精品从天津散落东北后，有二十件流失海外。

2013年底，“明四家大展”之“衡山仰止”在苏博开展，有七十二件书画历尽劫波重聚苏州。其作品端谨静雅，令观者烟云满眼。文徵明诗文书画均佳，博雅多能，且又寿高人颐，主盟吴中风雅三十多年。更主要的是，其人清名令德，美誉留芬，家族文脉在吴中绵绵不绝。

性敦厚

说一个人长大有成就，往往会说他自幼聪颖，才思敏捷。而文徵明

文待诏小像 明人绘

《文先生传》吴郡王世贞元美著

文先生傳　吳郡王世貞元美著

余讀太史公敘致九流頗獨不及文章家言詎藝乎哉誦者少其貶詘節義然
至於傳田叔司馬相如抑何其詳壹歟志也范曄事為漢書稍稍共列獨行文
苑稱有尚矣夫余自燥髮時則知吾吳中有文先生今夫文先生者即無論田
畯婦孺裔夷至文先生嘖嘖不離口然要聞以其翰墨得之而學士大夫自謂
能知文先生則謂文先生負大節篤行君子其經緯足以自表見而惜其掩於
藝夫藝誠無所重文先生然文先生能獨廢藝乎哉造物柄者不以星辰之貴
而薄雨露卒亦不以百穀之用而絕百卉蓋兼所重也文先生者初名璧字徵
明尋以字行更字徵仲其先蜀人也徙廬陵再徙衡為衡人至元而有俊卿者
以都元帥佩金虎符鎮武昌次子定聰為散騎舍人定聰次子惠為吳贅遂為
吳人惠子洪為淶水教諭教諭子溫州守林則先生父也先生生而外椎八九
歲語猶不甚了了或疑其不慧溫州公獨異之曰兒幸晚成無害也先生既長
就外塾穎異挺發日記數百千言嘗從溫州公宦於滁以文贄莊昶郎中莊公
讀而奇之為詩以贈然先生得其緒於門人往往舍下學而談上達曰絕口不
名莊氏學歸為邑諸生文日益進年三十而溫州公以病報先生為廢食挾醫
而馳至則歿三日矣慟哭且絕久之乃蘇郡僚合數百金為溫州公賻先生固

恰恰相反，生来是一个“笨小孩”。

明成化六年（1470），文徵明出生于苏州府长洲县曹家巷，是家中的第二个孩子。和爽朗俊慧的哥哥相比，文徵明简直就是愚笨。据说，他到八岁时说话还不清楚，到十一岁才能清晰表达。别人都不看好这个孩子，父亲文林却说，没关系的，大器晚成，说不定将来比其他孩子都有出息呢。等到长大读私塾后，文徵明忽然像醒过来一样，颖异挺发，能日记数千言，表现不凡。文徵明幼时随父亲宦游永嘉、滁州，十六岁回到苏州，和同龄人唐伯虎订交切磋诗文，向才子都穆学习作诗，拜沈周学画，开始了问学求艺之路。

文徵明不仅向学比别人晚，科场也相当不顺利。他二十六岁开始参加科举考试，九赴应天府试都没有中榜，考场失意数十年。而朋友唐伯虎十六岁考中生员第一，二十八岁中南京解元，要不是受科场案牵连，说不定状元也拿到了。直到五十四岁那年，因为才名渐显，文徵明才在别人的推荐下，以贡生的名义到北京翰林院担任待诏一职。这是个从九品的小官，主要是替皇上缮写章书文史，参加《武宗实录》的编写。因为不是科班出身，业余喜欢书画，文徵明还被同僚鄙视，讽刺说翰林院不是画院。文徵明心里郁闷，多次上疏乞归，三年后终于得以返回苏州，从此开始自在的茶酒丹青生涯。

和朋友们相比，文徵明少年老成，敦厚正派，有时甚至略显迂腐。据说他生平不近女色，而唐寅、祝枝山等人则风流放诞。一次，他们把文徵明骗到船上喝酒论诗，等到船开到河当中，就把暗藏在舱里的歌妓请出来佐酒。文徵明一见，立刻起身要逃，唐伯虎则哈哈大笑。文徵明说如不放他回去就从船上跳下去，于是大家只好放他离舟上岸。

说文衡山品德高蹈，还有几件小事可以佐证。

文徵明的父亲文林做过温州知府，后来卒于任上。那一年，文徵明三十岁，闻讯去处理后事。因为为官清简，文林殁后宦囊空空如洗。当地士绅感念，就凑了一千多两白银作为赙金相赠。文徵明写了封感谢信拒绝了大家的好意，他在信里写道："我父亲是有名的廉吏，我怎么能玷污了他死后的声名呢？"于是当地士绅用这笔钱修了一个亭子，取名"却金亭"，在亭里祭祀文林和另外一位清廉的何太守。

父亲去世后，文家的日子并不富裕。有一次，叔叔文森的好友俞中丞看到文徵明穿了一件旧蓝衫，问，"怎么旧成这样了？"文徵明装作听不懂的样子回答说："下雨打湿了的缘故。"在北京做翰林院待诏时，文徵明遇到了当时的权臣杨一清。杨一清和文林早年是同僚，他想帮文徵明升官，就问他："你知道我是你父亲的朋友吗？"文徵明正色回答道："我真不知道你是先父的朋友，也没有听他说过。"由此可见文先生性格耿直，不作趋炎附势之态。

笨拙是一份踏实，有时候，笨拙又是一种远智。到了中年，文徵明诗文书画名声远扬，和唐伯虎、祝枝山、徐祯卿一起，被称为"吴中四才子"。这名气，也传到了身在江西的宁王朱宸濠耳中。他派人到江南来延请名士入府，唐伯虎、谢时臣等都应约前往，只有文徵明婉拒了。后来宁王谋反，唐伯虎装疯才得以免祸。此事，印证了貌似笨拙的文徵明之远见卓识。

画意

文徵明初名壁，后改为璧，号衡山。

《江南春倡和图》
明·文徵明绘

后来以书法名扬于世的文徵明，其实小时候书法并不好。据说他年轻时参加岁试，因为字写得不佳，考卷被置为三等。文徵明为此发愤用功，临池精摹，同时拜状元吴宽学古文，拜书法家李应祯学书。他学书进步很快，学赵孟𫖯、二王已得神韵，法度谨严，笔锋挺秀。这时李应祯说，跟着别人的脚后跟走路，就算学成了王羲之的书法，写出来也是别人的。于是，文徵明开始自开局面，在行书和小楷方面下功夫，一生不曾放弃研习。

朱和羹评价说："明楷以文衡山为第一。"此言不虚。

嘉靖二十八年（1549），文徵明八十大寿，门生弟子、官员名士纷纷来玉磬山房贺寿，有送画的，有送文房礼品的。文徵明对那些远道而来的嘉宾一一还礼，礼物是每人一册亲笔书写的小楷《千字文》。拿到礼物的客人纷纷叫绝：八十岁的老人，手不抖，眼不花，蝇头小楷，笔底功夫炉火纯青。嘉兴李日华在《六砚斋笔记》里追忆此帖："衡老小楷，此为第一。"

离开京城，仕宦的梦破了之后，文徵明想念故乡竹堂寺里的梅花、石湖的燕子、停云馆前的玉兰翠竹，想念心底的江南风物。这些风物，不仅久在诗吟梦忆里，还常随丹青入画来。

文徵明学画，从五代的董源、巨然到北宋的李成、范宽，直至"元四家"，一脉下来，气韵生动，独步一时。董其昌评价说："本朝的沈周、文徵明都是天下之士，即使是不善画，也是人物铮铮。"这个气韵，是一般画师学不到的。

文徵明的画题材广泛，山水、花鸟、人物，无所不能，画兰竹意趣最佳，有"风意写兰，雨意写竹"之论。但其山水传世最多，在后世拥趸者甚众。文氏山水既有寄怀人生、卧游天下之作，如《古木寒泉图》、《溪山积雪图》、《千岩竞秀图》等；也有写实纪游，与文友遍览吴中名胜的，如《天平纪游图》、《洞庭西山图》、《灵岩山图卷》、《石湖图卷》等；更有园墅亭阁描绘、师友宴聚赠答之作，如《拙政园图》、《真赏斋图》、《惠山茶会图》等。

数百年以后，展卷静观这些绢素纸本，只见人物古雅，高士骋怀，或游丝细描，精细如刻；或寥寥数笔，皴涂草抹，烟云氤氲。感谢文先生，是他用笔墨，留住了消逝的时光。这些画作可观可游，记录了昔日姑苏的山水草木，让人仿佛穿越岁月，重温明式文人的精雅生活。天平赏枫，惠山品茶，石湖泛舟，这些诗酒唱和游聚赠别，都被定格在卷卷丹青笔墨中，令人神思百年。

说起苏式园林的营建，文人意匠的文徵明也是重要的参与者。

致仕御史王献臣在苏州造了一座拙政园。他专门请文先生给园子写点文字，于是文徵明撰写了《王氏拙政园记》。从北京称病返乡后的第六年，也就是嘉靖十二年（1533）的五月，文徵明还精心绘制了《拙政园三十一景图》。这本册页，让后人了解了明代拙政园的真实景貌。图册是设色绢本，一共三十一开页，每页为昔日拙政园的一个景点，文徵明还用不同书体，在副页各题一首诗。后人评价，书法好，诗更好。诗风雅健自然，写景与抒情兼备。画册上举凡树石、屋宇、人物、花草，均意态变化，无一重复。据说文徵明曾先后为拙政园作图五次，其中《拙政园十二景图》亦是难得的精品，今日尚存图八幅。仔细研看这两组册页，多数景点与今天修复后的拙政园诸景大相径庭。在画到梦隐楼的时候，不知是楼高可见郊外诸山，还是北望触动了文待诏，他忽然借此图抒发平生际遇：

枕中已悟功名幻，壶里谁知日月长。

回首帝京何处是，倚栏惟见暮山苍。

原来少小时一直孜孜以求的功名，不过是一个虚幻的梦境，帝京不是家，家在笔底烟霞里。

到了清代，拙政园的新主人，专门修了一间雅室，供奉文徵明和沈周

《拙政园十二景图》
（选八景）
明·文徵明绘

的石刻像，取名为“拜文揖沈之斋”。

百年清静山中债

文徵明家居乡里，翰墨自娱，不与世事。有人说，他最好的山水诗画都创作于人生最后的三十年。此时，他纵情于自己的悠游岁月，拥有从容不迫的心态，创作上也达到了一个巅峰。虽然慕名来求画的人非常多，但文先生有自己的原则。他说：“吾老归林下，聊自适耳，岂能供人耳目玩哉！”他甚至自嘲写诗说“问奇尚有门前客，却怪青山不掩名”。

文徵明对待求画的人有两个不接待原则。一是豪贵巨富之请，片楮都不予。尤其是王府中的人，要想求其笔墨，更是万难。据说唐王曾经派人带着大量的黄金登门求画，文徵明坚拒不纳，不见使者，甚至信都不看。二是书画不予外国人。有日本使节过苏，专程带着礼物来停云馆拜访文先生，企望求得一两幅书画。文徵明穿上绯红的正装，端坐在客厅，受其拜但不受礼，也不予书画。文徵明觉得，对内不结交藩王，这是不逾矩；对外不通交外藩，这是守国体。

但是，如果是苏州城里闾巷平民，出于尊重，拎一点时鲜果品或者自制糕饼来看望文先生，文徵明每每欣然命笔，写画赠送还情。因为这样，很多求画者就向文徵明的姻亲、门生、故人间接求索，坊间的假画和赝品也非常多。同时代的李日华就记述，自己曾一天看到十多幅赝作。

除了对索要书画者有原则，文先生对官员也有自己的底线。和文徵明有交往的何良俊在《四友斋丛说》里记载，文徵明从不去客栈旅社回拜客人。有一次宰相严嵩对身边的朋友说：“衡山先生哪都好，就是不爱与人来往。我到苏州，专门拜访他，他居然都不到船上回访我。”那位朋友回答道：“如果他来回访你，那就不是文衡山了！”

十多年后，八十岁的严嵩又想起了文徵明。严氏父子权倾一时，尽管晋唐书画堆积，但是仍缺一幅文待诏的力作，引以为憾。于是又委托苏州知府登门求画。地方官哪敢怠慢，厚着脸皮来到停云馆，自然还是被文先生拒绝了。他在给知府的信里回复道："今犬马之齿，逾八望九，岂能强颜冒面，更为此事？"

晚年的文徵明更加率真洒脱，经常穿一身红绒衣，戴着卷檐帽，坐在白纸窗下，拥着炉火，悠闲地和弟子宾客们说说故家遗老的往事，谈谈唐伯虎、祝枝山……听者坐忘，不觉日暮。有时，他读古人诗赋，每有会意，就令童子涤砚弄笔，欣然作书。

文徵明诗词敦厚绵婉，富有文人情趣。翻读《甫田集》，常有佳句迭出：

"百年清净山中债，半日浮生竹院闲"，写家居闲静。

"零落尚怜门户在，艰难谁似弟兄亲"，写兄长遇事后得返。

"回首壮游心未已，西风策马看吴钩"，写金陵咏怀。

"相逢相别还相忆，白发江湖无限情"，寄语某友。

弘治十七年甲子（1504），文徵明看到一块古碑，内容是宋高宗赵构给岳飞敕书的刻石，于是文徵明感慨之下，填了一首《满江红》，此词慷慨深沉，见地高远，可列入明代词选：

拂拭残碑，勒飞字，依稀堪读。

慨当初，倚飞何重，后来何酷。

果是功成身合死，可怜事去言难赎。

最无辜，堪恨更堪悲，风波狱。

岂不念，中原蹙；岂不惜，徽钦辱。

但徽钦既返，此身何属。

千古休谈南渡错，当时自怕中原复。

笑区区、一桧亦何能，逢其欲。

文衡山先生手植藤

紫藤

九十岁那年，文先生为严御史的母亲书写墓志铭。写着写着，笔一垂，人就仙逝而去了，倏然若蜕。

写点后话。

就在画《拙政园三十一景图》的前一年春天，文徵明在园子里手植了一株紫藤。五百年过去了，拙政园不知更换了多少主人，这株紫藤却越长越茂，老干虬枝，每年春末，紫莹满树，花开如瀑。有人说，这株紫藤就像文家的文脉，在苏州赓续数代，历久弥远。

文徵明有两个儿子，文彭和文嘉。名字是老师沈周取的，名字里都有“士”字旁，取士林立意。文彭，号三桥，他是明清篆刻中“吴门派”的开创人。在书法篆刻圈里，但凡说到明清篆刻，文彭是个绕不过去的人物，他发现用石材雕刻更方便，效果更好，便将篆刻材质由金属改为石材，使众多文士开始从书写者向奏刀者转变。弟弟文嘉，也继承了文徵明的衣钵，成为著名画家。他的小楷和行书都很不错，但是似乎避不开父亲的影子。我们熟悉文嘉，是由于他的三首诗——《昨日歌》、《今日歌》、《明日歌》，告诫我们少壮不努力，老大徒伤悲。

再往后，文彭的孙子文震孟高中状元，还先后做过天启、崇祯两位皇帝的老师，位列阁臣。文震孟的弟弟文震亨，懂琴艺，精鉴赏，著有品物名著《长物志》。清兵攻入苏州，剃发令下，文震亨绝食六日，呕血而死。遗书说：“仅保一发，以见祖宗于地下!”

再往后，文震孟有儿子文乘、文秉，两人也守节抗清，一被俘殉难，一出家守祖宗墓庐。

文徵明墓在苏州城北阳澄湖西路一小区旁林中，保存完好。文徵明手植紫藤在苏州博物馆东侧忠王府，有一方清代江苏巡抚端方题字“文衡山先生手植藤”的石碑。

位于苏州博物馆东侧忠王府的文衡山先生手植藤

肆

学人风骨

——经世致用达天下

“天下兴亡，匹夫有责”，顾炎武的高行大义，足可撼天动地。为政立功，为学立言，李鸿章拼命做官，俞樾则拼命著书。曲园春在堂年年花开，学者立人立德，为求千古不朽。江南旧有结社传统，复社、南社诸人，书生意气，挥斥方遒，茶酒当垆，指点江山。穷未独善其身，达定兼济天下。

张采和张溥：文开江左的士林领袖

有人说，明清的知识分子群体最能代表中国传统士林文化的复杂性。他们中，有孜孜矻矻，寒灯窗下，待考求售的；有修身克己，江山易代，隐逸山林的；也有清议天下，心怀众生，凛然风骨的。明末苏州太仓就有这样两位张姓士子，领江左文气之先，挥笔指点天下。

太湖流域古有三江五河，因在秦时设县于娄邑之东，所以太仓也称娄东。这个通江达海的小县，古时即为吴国粮仓，人文荟萃。到了明末，太仓出了两位名闻天下的重要学者。一位叫张采，住在太仓城南门外，人称“南张夫子”或者“南郭先生”（听起来有点好笑，但此公却从不滥竽充数）；还有一位名张溥，家住城西，被尊称为“西张夫子”。两人切磋学问，同声相契，组建了明末声震海内的复社，所以又被世人称作“娄东二张”。

七录斋

张采比张溥大六岁，生于明万历二十四年（1596），两人同姓但不同宗。张采因自幼好学，喜欢研读《礼记》，小小年纪就在太仓当地产生了不小的影响。后来，一个偶然的机会，张采遇到了同样好学的张溥，彼

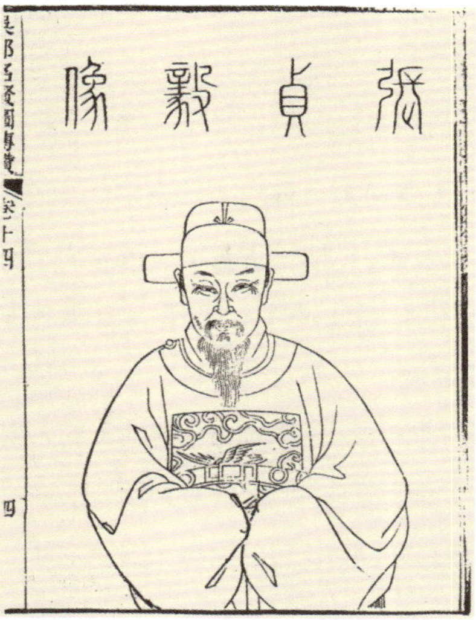

张采和张溥画像

此相见恨晚，惺惺相惜，经常在一起读书作文，交流心得，情同手足。后来，张溥干脆请张采住到自己的书房七录斋里来，切磋学问，砥砺文字。张采这一住就是五年。

说起张溥的书房七录斋，还有个故事。

张溥出生在一个小官宦家庭，父亲是个太学生，但因为母亲是婢女，所以张溥常被家族中的人欺负。张溥的伯父是南京工部尚书，有一次，伯父的家人仗势欺人，污蔑张溥的父亲。张溥一怒之下，在墙上用血写了八个字：“不报仇奴，非人子也。”那个制造事端的家人看后嘲笑道：“我就不信，一个小妾养的孩子，能有多大出息！”张溥听后，暗自流泪，痛下决心，要立志读书，出人头地。

张溥读书有多刻苦呢？据说，他为了加深记忆，对所有读过的书都要反复抄写，抄完再诵读一遍，然后烧掉，之后再重抄。就这样，反复抄录焚毁七次，直到能够对文章倒背如流才罢休。因此，张溥把自己的书房取名为“七录斋”。因为长期抄书，张溥的手指上磨出老茧，冬天双手皲裂出血，疼痛难忍，只好每天用温水浸泡几次。夏夜苦读，为防止蚊虫叮咬，他就在桌下放一只大瓮，把两只脚放进去。有一年冬天，张溥夜读灯尽，见窗外光照如天明，开户一看，原来屋外落雪盈尺，而他居然一点都没有发觉。还有一次，好友张采来看他，见他正拿着粽子蘸着墨汁，吃得满口乌黑在读文章。功夫不负有心人，崇祯四年（1631），张溥考中进士，入翰林院改庶吉士，终于功成名就。

据说张溥学问扎实，文思敏捷，中榜后各地来求他写序撰文的人很多。张溥连草稿都不打，当着求文者的面，提笔挥毫，立等可就。张采比张溥早三年考中进士。“娄东二张”因为学问好，名声也越来越大，据说附近乡里的学子都来求教，如果谁的文章能得到张采和张溥的赞赏，很

太仓张溥纪念馆里的张溥铜像

快就会名扬四方。

书生风骨

张采和张溥不仅学问好，而且道德品格也高，书生风骨，疾恶如仇。有两件事可以说明这一点。

一个是“驱顾行动”。因为魏忠贤阉党乱政，明末朝廷腐败黑暗。民间士子纷纷结社，清流议政。张采和张溥也一起组织当地士人结成了应社，共振文风，同声相求。这时，魏忠贤的心腹爪牙、曾经迫害过杨涟和左光斗等名士的内阁首辅顾秉谦刚好致仕退居苏州。这个顾首辅退休了还跑到太仓兼职做些教育生员的工作，惹得“二张”十分不满。于是，张采就联络当地文士五十多人，以笔为枪，发起了一场“驱顾运动”。“二张”写了一篇檄文到处张贴，因为他们的文采好，文章入木三分，一时传遍娄江两岸。顾秉谦见反对自己的舆论声势浩大，只好灰溜溜地返回了苏州。后来，太仓文士把这篇文字刻到石碑上，永久纪念，而“二张”的声名自此传遍天下。

二是清廉为官。张采中进士后，被派到江西临川任知县。据说他为官清廉，生活简朴。因为不肯搜刮百姓，日子并不富裕，以至于妻子和家里的下人经常到地里挖野菜吃。这对一个县的父母官来说，简直是不可想象的事。而张采又十分孝顺，家里有点好吃的，都先奉给母亲吃。在做官时，张采坚持原则，公正不阿，深受上级官长和下属百姓的好评。后来，张采因为生病离职，临川百姓恋恋不舍，送万民伞给他，成千上万的民众来送行，人民在道路两边哭成一片。

对张溥来说，真正让他流芳千古的则是一篇文章，那就是被选入《古文观止》中的《五人墓碑记》。

位于山塘街的五人之墓

五人墓现在苏州山塘街，主要是纪念在明末抗击阉党暴政中牺牲的颜佩韦等五位市民义士。当时，魏忠贤的亲信、苏州巡抚毛一鹭勾结织造太监，仗势在苏州盘剥百姓，还上疏诬陷“七君子”之一的周顺昌等东林士人。东厂太监派人到苏州来逮捕周顺昌等人时，引发苏州民变，万人云集，痛殴特务官员。事后朝廷派兵镇压，有五位义士挺身而出，引颈就戮，慷慨赴义。后来，已经成为复社领袖的张溥有感于五义士“激昂大义，蹈死不顾”的英雄气概，“明死生之大，匹夫有重于社稷者也”，浓墨重彩地撰写了这篇碑记，成为不朽名作。

复社盟主

谈“二张”组织的复社，先要从苏州城南的尹山说起。

位于山塘街的复社纪念馆内景

崇祯年间，一些江南士人以东林党后继为己任，组织社团，提出文学主张和改良世风的要求。明崇祯二年（1629），张溥、张采在吴江县令熊开元的支持下，在苏州尹山召开集会，以应社成员为骨干，将松江几社，苏州羽朋社、匡社，浙西闻社、庄社，浙东超社，江北南社，江西则社等一大批文社合并，以“兴复古学”为号召，成立复社。一时间，江浙皖地区名彦毕至、少长咸集，参加者多达七百之众。为了做好组织工作，张溥还亲自制定章程和入社誓词。盟约中写明了对社员的规约：

毋从匪夷，毋读非圣贤书，毋违老成人，毋矜己长，毋形彼短，毋巧言乱政，毋干进辱身。

这些要求，对于三百年后的今人一样有着修身律己的积极意义。

尹山大会到底在哪里召开的，相关史料语焉不详。研究者分析，就会议需要同时安顿近七百人来看，最大的可能是在尹山土山上。那里有座崇福寺，殿宇众多，且靠近京杭大运河，土山四周又有环形河，水路交通方便。

后来复社社员遍及各省，又在金陵和苏州虎丘多次集会，他们怀着饱满的政治热情，以宗经复古、切实尚用相号召，研磨学问，砥砺品行，在野士子和在朝官员同声相和，声势震动朝野。据记载，崇祯六年（1633）三月，复社虎丘集会，张溥为主盟，传单发出后，来自山左江右、晋楚闽浙的数千士子纷纷乘车渡舟如约而至。山上的大雄宝殿里坐不下了，就在外面的生公台、千人石席地而坐，鳞次鱼贯，络绎不绝，足见规模之盛。按照明朝政府的说法，复社发展到后来，“党羽半天下”，仅有姓名可考的就达三千零二十五人，确实不可小觑。

复社声势日隆，早就引起了当政者的警觉。因复社与朝廷清流彼此呼应，有一些品行不端的文人未被接纳入社，暗地里就搞起了小动作。复社成立八年后，太仓有个叫陆文声的人，因入社被拒，率先发难，告发张溥、张采“倡复社，乱天下”。这是一个很严重的罪名，等同于谋反。状子送到北京城，崇祯皇帝很重视，立即命令核查处理。朝廷上凡是为复社辩护的官员都被贬官，以至于后来没有人敢为复社说话。有人甚至炮制出复社的十大罪状，四处传播。朝野间形成支持和反对复社的两派，产生了激烈的缠斗。张溥为此也予以还击，维护复社声誉。后来，他因意外早早地去世了，年仅四十岁。

这时候，张采慷慨激昂地代张溥给皇帝写了一份辩疏。他说：“复社成立时，我在临川任知县，没有参加。但我了解张溥，是个认真做学问的人，从来没有谋反之心。他中举后因为丁忧，没有做过官，但是一直有矢志报国之心。现在，他已经死了，不能为自己辩解，我更不能把什么东西都推到他的头上去。”崇祯觉得奏疏情理晓畅，就没有追究这件事了。后来，还有人推荐说，“二张”是当世学问大家，其文章可以传世。于是，崇祯皇帝就下令搜集张溥的文章作品，前后有三千余卷。

“娄东二张”的作品，注重反映社会现实，揭露权奸宦官，同情民生疾苦，抒发报国豪情，富有感染力。复社虽拥护前、后“七子”，却不同于他们的专意“模古”，也不同于公安派、竟陵派的空疏。陈子龙、夏允彝、杨廷枢、顾炎武、归庄、陆世仪、瞿式耜、文震孟等都是复社成员，他们对清初的文化圈和思想界，都产生过重要影响。顺治九年（1652），复社终于被清政府取缔。

最后说说张采之死。张采在清军南攻时，因看不惯马士英、阮大铖之流，离开南明小朝廷，回到家乡太仓。当时社会混乱，许是有人曾与复社结下仇怨，一次，几人将张采骗出家门，引到偏僻之地，拳打脚踢锥刺，打得张采遍体鳞伤。幸好一位过路僧人将张采救出，背着他逃出虎口。清军占领苏州后，不愿与清廷合作的张采东躲西藏，颠沛流离，经常一个人朝着南方痛哭。就这样，在悲伤与痛苦之中，张采度过了人生最后三年，死时只有五十三岁。

“娄东二张”留下了不少诗文。张溥著有《七录斋近集》等作品，并为《宋史纪事本末》及《元史纪事本末》补撰论证。太仓至今仍留有张溥故居，并有以其名字命名的道路，以示对地方先贤的纪念。张溥故居大厅前柱挂有一副楹联：“承弇州，启梅村，一代文章在娄水；继东林，匹几社，千秋山斗仰天如”。“弇州”指王世贞，明代“后七子”领袖；“梅村”是指张溥的学生、“江左三大家”之一的吴伟业；“天如”则是张溥的字。

当代社会学者费孝通参观张溥故居后，也写了一首诗，以表敬仰，录此结尾：

万里长江日夜流，西张旧屋几经秋。

五人碑记传千古，笔下苍生岂自谋。

顾炎武：马背上的大儒

四百多年前的一个秋天，在苏州府昆山县，有一场特殊的送别。

被送行者是一位四十多岁的中年人，其貌不扬，有一只眼睛还有眼翳（眼睛角膜病康复后遗留下的瘢痕）。他已经收拾好物品，马背上的行箧内除了必要的生活用品外，满载的都是书。来送行的亲友不多，其中的一个朋友敬饮三杯酒后，含泪朗读了一篇送别的序文，让在场的人别情满怀。

被送行的人正是日后成为一代大儒的顾炎武。

因为在家乡昆山被地方豪绅迫害，顾炎武不得不变卖家产田地，只身离别江南，北上游学。此时草木摇落，叶红花黄，更催离愁别绪。送行人中读序的正是他的挚友归庄。临别，归庄又把一封江南二十多位名士写给沿途朋友的信——《为顾宁人征天下书籍启》塞到顾炎武怀里。这等于是一封介绍信，告诉北方诸友，学人顾炎武此行是来研讨学问的，请大家尽可能地为他提供生活便利，有什么孤本秘籍不要吝啬，都拿出来给他一观吧。事实上，这封信帮了顾炎武很大的忙，他果然一路得观不少奇书，为日后著述积累了不少资料。

百感交集的顾炎武含泪揖别诸友，自此告别生养自己四十五年的江南。这一走，就是二十多年。行千里路，读万卷书。顾炎武在行走中思考，

顾炎武画像 清·叶衍兰绘

《山水》扇面 清·顾炎武绘

在考察后著述。先贤背影已远，而他的思想却在后人面前越来越清晰。

晚明的江南

顾炎武出生于被称作“燕巢幕上”的晚明，生逢江山鼎革，改服易发对读书人的冲击从肉体到心灵，为“三百年未有之惨痛”。顾炎武十四岁中秀才，入县学后还参加了明末的文人团体复社，讲学论道，诗酒酬和。但之后的几次科举考试都宣告失利，顾炎武自此安心读书，以求凭真才实学为国家和百姓做事。

崇祯十七年（1644），也是顺治元年，岁在甲申，崇祯上吊煤山，宣告大明王朝崩溃，那一年顾炎武三十二岁。次年，清军继续南下，清政府发布剃发令，规定男子在十天内必须剃发。满族的习惯是男子前颅、两鬓头发都得剃光，仅在后颅留一根长辫垂在身后。异族用习俗来昭示自己的统治，有所谓“留发不留头”的说法。对宁死不屈者来说别无选择，一时间，剃头担子旁的高杆上挂满了汉人头颅。

历史很吊诡。清军一路南下，所向披靡，遇到抵抗最激烈的倒不是出悲歌豪杰的河北、山东，而是民风温婉的江南。因此有了清初的“扬州十日”、“嘉定三屠”之清军屠城事件。名士陈子龙在松江起兵后，太湖地区应者云集。在昆山，一介书生顾炎武也和好友归庄等会同昆山知县杨永言，带领民众，开展昆山保卫战。由于一个分管水利的县丞阎茂才投降纳款，被清军委任知县，昆山沦陷。阎知县上任后就发布剃头令，不甘当顺民的顾炎武和归庄等招集愤怒的百姓火烧县衙，还把知县阎茂才捉起来，当众审骂，最后杀掉了。当然，江南抗清活动后来终究失败了，但是顾炎武和一班热血士子的抵抗精神足以让后世称道。谁说百无一用是书生？在士风砥砺的苏州，软水温山也孕育着不屈的风骨。

顾炎武后来虽然放弃了武装抵抗，但在很长时间里不仕清，不与当政往来，甘当遗民。历史上，在朝代鼎革、异族改政之际，遗民现象很值得研究，有宋如此，明代更甚。四百年前，受正统思想教育的民众，家仇国恨自然集于一身。在清军占领昆山后，顾炎武的弟弟顾缵在城楼上与敌搏斗时就义，嫂子朱氏抗辱，以剪刀自戕，生母何氏右臂被清军砍断，嗣母（顾炎武少时被过继给本族叔祖）王氏绝食而死。嗣母临终交代：一定不要做清朝的臣子。

顾炎武后半生用行动践行了母亲的遗愿，游学著述，埋头实际的学问并思考社会人生，终成一代开山鸿儒。在声名日隆的时候，他也多次拒绝了清政府的征聘和拉拢。康熙十七年（1678），清廷开博学鸿词科，征举海内名家，很多江南儒士都屈膝应征。应征担任明史馆总裁的同乡叶方蔼等联合举荐顾炎武，却被顾炎武严词拒绝。后来，叶方蔼还给顾炎武发了一封聘书，顾炎武在回信中说：“七十老翁何所求？正欠一死！若必相逼，则以身殉之矣。”事实上，清廷入主中原多年后，政权稳定，对汉族名士也采取了一定的怀柔政策，但是，决意不仕的顾炎武毫不动心。正如他自己在一首咏精卫鸟的诗中所写的那样："我愿平东海，身沉心不改。大海无平期，我心无绝时！"

顾炎武对大明王朝的情感深沉而持久。离开昆山前的七年里，他曾经到南京六谒明孝陵（朱元璋及皇后墓），后来，还专程到北京昌平四谒思陵（崇祯帝及皇后墓），以寄故国之思。有资料说，早年抗清时顾炎武还曾多次南北往还，联络福建、淮阴、太湖等地义军，计划起事，但最后都失败了，因此他才把人生方向转到明道救世上来。或许，拯救世道人心才是书生报国的最好途径。

激浊扬清

顾炎武本名顾绛，字忠清（与清朝无关），明亡后，因景慕南宋英雄文天祥的学生王炎午，改此名，又字宁人。

离开故乡前，顾炎武最重要的交往者就是挚友归庄。归庄是明代散文家归有光的曾孙，为人耿介，傲岸超俗。据说他游览名山大川，悼今怀古，常痛哭流涕。家里寥落贫困，就自嘲写了一副对联："入其室空空如也，问其人嚣嚣然曰。"家里的桌椅坏了，他也懒得修，用麻绳扎紧，对付一下。还写了一幅字挂在那儿，美其名曰：结绳而治。顾炎武因为三岁时出天花，左眼有云膜，瞳仁里白多黑少，又因两人常一起交游，于是大家调笑他们，称之为"归奇顾怪"。

患难见知交，归顾的友情，在顾炎武落难时可见一斑。乡里豪绅叶方恒觊觎顾家田产，买通了顾家仆人陆恩，背地里把顾炎武和江南义军的交往密报给官府，告发他"通海"。通海是指与东南沿海抗清的郑成功有联系，在当时是非常大的罪名。得知此事后，顾炎武非常愤怒，把仆人逮起来痛殴了一顿，并把他杀死了。叶家遂秘密把顾炎武关到私牢准备告官。得知消息后，归庄上下奔走，把顾炎武解送松江府，并托人向官府解释顾炎武所杀的不是无罪之奴，而是害主之奴。期间，归庄还找到了当时的明史馆副总裁钱谦益。时已仕清的钱谦益说：“这个事简单，你只要让顾炎武写个门生帖子送来，我就找人放他出去。”顾炎武一听，死活不同意。于是钱谦益叹息说：“这个顾宁人啊，太倔强了，何必如此认真呢？”虽然同为名士，也许这份认真执着，就是彼此人生不可逾越的鸿沟。今日看来，高下立判。

后来，顾炎武到山东和雁北垦荒，有空返回江南省亲，必和归庄相晤。在离开山东前夕，忽然接到归庄去世的消息，顾炎武非常哀恸。他在悼念归庄的诗里评价老友：“峻节冠吾侪，危言惊世俗。”

和朋友的交往真诚如此，顾炎武对烈士子弟的关爱也非同寻常。顾炎武最得意的弟子是吴江人潘耒。潘耒的父亲是复社的抗清名士，在他年幼时就去世了，他的哥哥因为明史案被牵连冤死。潘耒走投无路，投

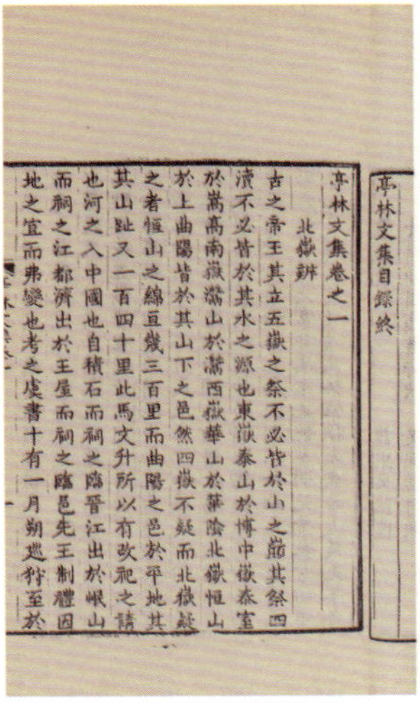
亭林文集目錄終

亭林文集卷之一

北嶽辨

古之帝王其立五嶽之祭不必皆於山之巔其祭四
瀆不必皆於其水之源也東嶽泰山於博中嶽泰室
於嵩高南嶽灊山於灊西嶽華山於華陰北嶽恒山
於上曲陽皆於其山下之邑然四嶽不疑而北嶽疑
之者恒山之綿亘幾三百里而曲陽之邑於平地其
其山趾又一百四十里此馬文升所以有改祀之請
也河之入中國也自積石而祠之臨晉江出於岷山
而祠之江都濟出於王屋而祠之臨邑先王制禮因
地之宜而弗變也考之虞書十有一月朔巡狩至於

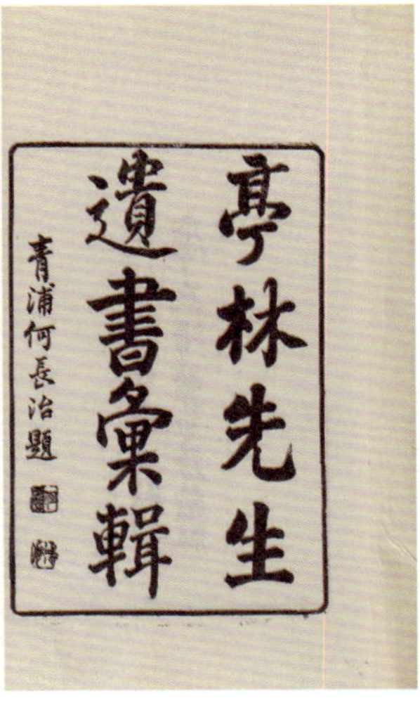

《亭林先生遗书汇辑》书影

奔顾炎武。因为其父兄的关系，顾炎武改变了自己不设讲堂、不收弟子的规矩，破例收下潘耒，指导他读书做人。后来，潘耒被清廷强行征召，做官去了，顾炎武在一封信里送了他两个字：“退”、“拙”。告诫他持此二字，可以免患。潘耒后来继承老师在音韵学上的开拓，成为一代文字音韵学者。顾炎武去世后，潘耒将老师最重要的书稿《日知录》整理刻印，也算传承衣钵，传播师道。

尽管顾炎武终生不仕，但是他有几个在朝廷做高官的亲外甥。外甥徐乾学、徐秉义、徐元文三兄弟都是进士，号称“昆山三徐”。因为三兄弟都以一甲登第，亦称“同胞三鼎甲”：老大是康熙年的探花，老三则是顺治年的状元。俗话说“养儿随舅舅”，三个外甥学业有成，不知

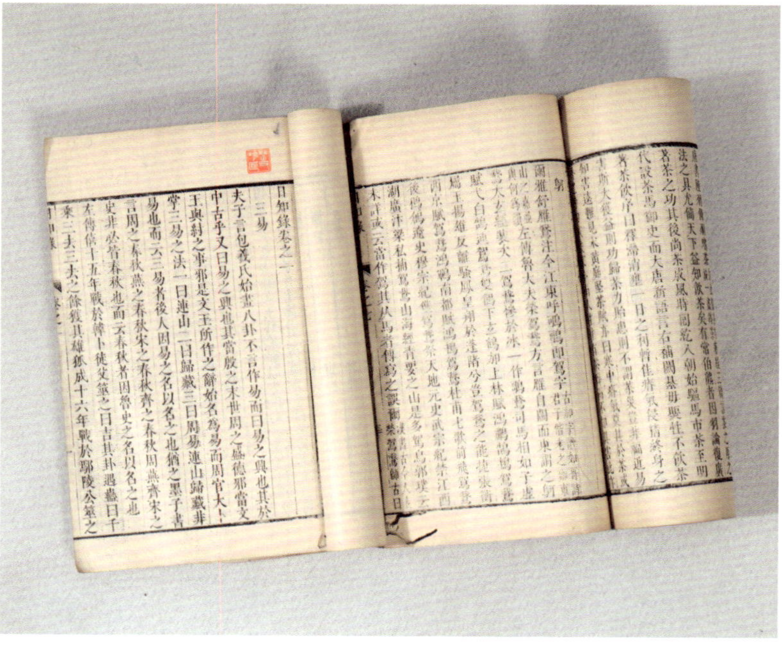

《日知录》书影

道是不是都有乃舅的读书基因。

有记载说，康熙十五年（1676），顾炎武刚好到北京去，两个做官的外甥徐乾学和徐元文设宴款待舅舅。开席后，顾炎武只喝了三杯酒，就起身告辞要回住所。徐乾学赶紧说："还有很多菜没上来，请舅舅再畅饮几杯酒，如果吃至半夜，我会派人打着灯笼送您回去的。"顾炎武一听，脸色一沉说，世间只有淫奔、纳贿这两类人夜行，哪有正人君子夜行的？当时徐乾学已经是明史馆总裁兼皇帝身边讲注官，看到顾炎武生气，屏息肃容，不敢再说一句话。

这个故事，一方面说明顾炎武耿介正道、襟怀坦荡，另外一方面，也有他不屑参与官场宴乐，给做官的外甥们敲警钟的意思。后来，顾炎武还多次写信给在京师做官的三个外甥，告诫他们当官最重要的事情是要"激浊扬清"，还提醒他们"不廉则无所不取，不耻则无所不为"。今天读来，仍掷地有声。

当然，在游踪遍及北中国时，顾炎武和山陕的名士傅山、李因笃，以及大学者李二曲等都有很深的交往，相互激励，弹振士林。

马背上治学

有人把顾炎武、王夫之和黄宗羲称作"清初三先生"。顾炎武治经学，讲求学以致用，博学于文，行己有耻，开"清学"之山；他实地踏勘江山地理，关心社稷民瘼，著述考证翔实；以天下为己任，他首倡"天下兴亡，匹夫有责"，在家国罹乱之际，足以振奋国人。

顾炎武落第后就把读书治学作为自己的努力目标，除了历览清以前的史志著作外，他开始关心社会，心怀天下。既然这个社会有了弊病，有所作为的读书人就要拿出诊治的良方。于是，从二十七岁起，他就开始着手两部著作的编撰。

一本书是《天下郡国利病书》，通过汇辑各地的方志和实地考察各地的情况而著。顾炎武在此书中记录了农田、赋役以及水利、盐矿和交通等资料，并对各地的疆域、关隘要塞以及兵防做了分析。可以说，从初撰此书的崇祯十二年（1639）起，顾炎武就已经看到了晚明吏治腐败、关防松懈等问题，看出大明王朝的危机就在不远的将来。另外一本是《肇域志》，主要内容包括城郭、山川、道路、驿递、寺观、风俗等。顾炎武一直利用在北方游学的空隙，修改增删，眉批夹注。这本有价值的地理风俗书，在顾炎武生前却一直没有定稿，只是以手稿形式在民间传抄，直到2004年才被正式出版，并入选《国家首批珍贵古籍名录》。

其实，顾炎武真正令人震撼的是，他不是一位书斋里皓首穷经的宿儒，而是一位步履风霜遍及江南塞北的真学者。他在北方游学，往往一马一驴，马身上装着简单行囊，驴背上则驮满了书籍和文稿。登泰山，访孔庙，齐鲁大地处处留下了他的屐痕和诗作。

最后，顾炎武决定在山东章丘停留下来，这一停就是二十年。因为做生意积累了些本钱，他在章丘当地置换了一千亩地，并用江南人的精细运筹，通过种庄稼果树等农作物，获得了不少收益。这期间，已经年过半百的顾炎武并没有安享富贵，而是考察山川地理，交友阔谈，勤于创作，他撰修了《山东通志》、《山东考古录》和《天下郡国利病书》的山东部分，并通过日常积累不断完善大型学术札记《日知录》。

在山东，顾炎武又一次入狱。

与他有田产纠纷的当地人指使他人揭发顾炎武牵涉黄培诗案。黄培诗案是康熙初年一场著名的文字狱。顾炎武当时正寓居北京慈仁寺，他毫不畏惧，主动回山东投狱力辨。后来在好友朱彝尊和外甥等人的帮助下，终于平安出狱。这时，他对山东也厌倦了，于是他投友山西祁县，后又隐居陕西华阴，再没有回过山东。

研读顾炎武时，我的眼前经常出现这样一幅画面：一个两鬓如霜的江南老人，仆仆风尘，骑着朋友送的马，牵着骡，穿行于晋陕之间，游学不辍。住惯了水乡竹床凉榻，如今要睡北方的土炕窑洞；吃惯了江南鱼米，如今要咬嚼煎饼大葱。除去躲避昆山仇敌富绅的打击和排挤外，如果说胸中暗蕴什么坚定的信念支撑着他向前走的话，那就是从未改变的家国天下的情怀。

顾炎武的治学态度十分严谨，直接影响了身后的乾嘉学者。他提出“经学即理学”，研考经著，离不开实际考证。每到一地，他白天实地调查访问，晚上就在旅舍灯火下对照方志记录批注。在北游名山大川时，他到处找有字的碑文，认真研读，发现有价值的就抄录下来；如果看到了未被刊刻的轶文，顾炎武就会兴奋得晚上都睡不着觉；游历到某些关隘要冲，发现名字和史实不清楚的，就下马向老兵和退卒请教，直到搞明白为止。有一次，在山西太原晋祠，顾炎武看到金人台的四角各立铁人一尊，西南角的一尊是北宋的，露天放置，经历了近六百年的风霜雨雪，仍明亮无锈，而明代铸造的另外两尊都坏掉了。他在笔记里感慨道，明代的冶炼技术居然没有宋代的好，真是不应该。

天下兴亡，匹夫有责

“继往圣绝学，开万世太平。”这是后人评价顾炎武为学做人的两句话，就刻在昆山亭林公园的门柱上，精当、准确。

顾炎武在花费三十年之功完成的学术巨著《日知录》的自序里，说到了两种做学问的方式。一种是“采铜于山”，另一种是“铸钱于野”。他采用的是前者，就是采掘第一手资料，亲自调查，博览群书，筛选提

位于昆山亭林公园的顾炎武塑像。『天下兴亡，匹夫有责』，顾炎武的高行大义，激励了不知多少仁人志士，为了心中的正义赴汤蹈火

炼，去芜存菁，求得真知；后者则是东摘西抄，罗列堆砌，不辨真伪，得到的都是第二手的或者是虚假的知识。前者像上山采矿炼铜，应是一代大儒的为学之道；后者则是用废旧铜钱粗劣重铸，不仅没有造出新钱，还把旧钱破坏了，这样做学问要不得。

经历过国破家亡的惨痛，顾炎武深知晚明心学余脉的流弊，那就是“平时袖手谈心性，临危一死报君王”。很多人平时空泛议论“性、心、理”，已经与朱熹、王阳明等人的学问背道而驰，研读经典也只停留在纸上，然后学做八股文章，这样如何能得到真知呢？针对孔子提出的“博学于文”和“行己有耻”两句话，顾炎武重新做了注解。他认为“博学于文”，不是狭隘的文章，而是天文地理，行身历事，明道治制，经世致用，所谓“人情练达即文章”说的也是这个意思；而“行己有耻”则是要自我检省和约束，社会风气的败坏和士风的虚浮，正是明王朝覆亡的主因。

到了近代，中华民族又面临内外危困之际，有越来越多的人记起了顾炎武《日知录》里的一段话，梁启超等人把这段话概括为“天下兴亡，匹夫有责”：

有亡国，有亡天下。亡国与亡天下奚辨？曰：异姓改号，谓之亡国；仁义充塞，而至于率兽食人，人将相食，谓之亡天下……是故知保天下，然后知保其国，保国者，其君其臣，肉食者谋之；保天下者，匹夫之贱与有责焉耳矣。

顾炎武原文的意思是，改朝换代，易姓改号，是亡国，这只是当政者要操心的事；而仁义道德秩序没有了，人性沦丧，文化混乱了，那是亡天下，比亡国更危险，这时候，士大夫和草民都有责任。这话真是振聋发聩。

后来，有人把“国家兴亡，匹夫有责”这话安在顾炎武头上，其实是不对的。国家兴亡，是“肉食者”的事，而天下兴亡，才是所有觉醒者的担当！学生潘耒在《日知录序》中评价老师顾炎武：“先生非一世之人，此书非一世之书。”

清康熙二十一年（1682）正月初八，山西曲沃，顾炎武暂居地，在外近一年的顾炎武准备乘马赶回陕西华阴的住处修改文稿。过继来的族中嗣子衍生刚刚十七岁，他服侍七十岁的父亲翻鞍上马，没想到地上残雪未消，脚下一滑，顾炎武没有爬上马背，重重地跌了一跤，呕吐昏迷过去。一天后，一代学者、思想家顾炎武溘然长逝。

漂泊北方二十几年的顾炎武终于回到故乡，连同那匹陪伴多年的老马的遗骨一起，归葬昆山千墩（今千灯镇）。在千灯有他的墓园、祠堂，纪念馆里还有顾氏后裔保存的遗履一双。那双布鞋，是陪伴一代先贤走过大半个北方的最好印证。而为纪念先贤，昆山人用“亭林”来命名玉峰山下的公园，命名一条通山的路，还命名了一所学校。

梁启超在《中国近三百年学术史》中写道：“我生平最敬慕亭林先生为人，想用一篇短传传写他的面影，自愧才力薄弱，写不出来。但我深信他不但是经师，而且是人师。”学问的力量，最终是内化为人格的力量，穿越时光，照亮后人前行的路。

在亭林公园顾炎武纪念馆内的抱柱上，有今人王遽常教授书写朱彝尊撰的对联一副：

入则孝，出则悌，守先王之道以待后学；

诵其诗，读其文，友天下之士尚论古人。

有一年，一位上海来的学者到亭林公园参观，昆山的一位书法家作陪。纪念馆还有一副门联，那位书法家凝神静气地读出来：

困学昔惟王伯厚，日知今有顾亭林。

《日知录》研经考史，其厚重与丰富，可以媲美朱熹弟子王应麟（字伯厚）的《困学记闻》。顾炎武积三十年心血留下的思考，堪称经典。

或许，纪念一位先贤，最好的方式就是认真地读读他的书。

俞樾：曲园春色在，长留天地间

苏州以园林著称。如果把园林比作苏州的衣裳，那么“四大名园”可以说是华美的外套，而那些小而有趣的园子，就是城市的精致内衫，不轻易示人，所以也就没有了游人如织的繁闹。因为，园林，最初就是私家花园，本属于主人的私美。

这么说，有些偏狭，私美就如独乐，有点自私。可是，苏州就是有这么些有意思的小园子，比如艺圃、五峰园等，而最典型的当属曲园。

阶前玉

1954年春天，久居北京的学者、北大教授俞平伯回到苏州。他专程来到苏州市人民政府办公室，接待他的是时任苏州市园林整修委员会主任的谢孝思。俞平伯对谢孝思先生说：“我这次来，是想向政府表达一个愿望，那就是准备把曾祖俞樾建造的私园曲园包括宅舍、家具、图书和木刻书版一并捐赠给政府。”说完，他递上了一张用小楷工工整整抄写的房产物件清单。谢孝思接过清单，还没有来得及代表政府道谢，俞平伯就连声说：“谢谢政府，谢谢政府！”好像放下了很大的包袱。

1954年，正是社会主义改造热热闹闹开展之际，捐厂、捐产，公私合

俞樾着色像　杨鹏秋绘

营，属于潮流。而那一年，俞平伯因为一篇关于《红楼梦》的文章，被当时文化界连续批判了八次。所以，在那个时候，把祖宅捐给政府，也算是一个要求进步的表态了。

俞平伯就生在曲园。他是曲园老人俞樾的曾孙，好多人误以为是孙子，常常以讹传讹。

1902年，八十一岁的俞樾高兴地拉着曾孙俞平伯，立在曲园的春在堂门前，照了一张合影。曲园老人特别喜欢这个曾孙，经常自制描红纸，让小小的曾孙用墨涂抹出《三字经》上的字。老人还特地为俞平伯写了

俞樾与俞平伯合影

一副对联："培植阶前玉，重采天上花。"

俞樾对这个曾孙寄予厚望，希望他能够花开耀祖，再现昔日盛春繁茂。

俞樾，本是浙江德清人，筑屋苏州后号曲园居士。清道光三十年（1850），三十岁的俞樾考中进士，入翰林。此前的复试，奠定了俞樾最初的文名。试卷的诗题是"澹烟疏雨落花天"，俞樾依题作诗，首句"花落春仍在"，出手不凡，打动了阅卷官曾国藩——对一个亟待中兴的王朝而言，春犹在，当然有很深沉的意蕴。果然，俞樾占得先机，成为翰林院庶吉士。为了留住生命中这个难忘的春天，他后来把曲园的主堂名取为"春在"，并把二百五十卷著述也结集为《春在堂全书》。

俞樾为什么会选择苏州，说来话长。

当年因为咸丰皇帝的赏识，三十五岁的俞樾放任河南学政。此外，俞樾还得到老师曾国藩的器重。当时流传着这样的说法："李少荃拼命做官，俞荫甫拼命著书。"李少荃就是晚清权倾一时的李鸿章，他和俞樾是同科举人，都出自曾国藩门下。如果不出意外，俞樾的仕途会是另外一番景象，只要循规蹈矩，混足资历，升迁个督抚或者侍郎，应该没有什么问题。可俞樾不是李鸿章，他没有遵照官场的潜规则，从此走上了一条和李鸿章相反的路。

事情据说是这样的：有一次乡试前，御史曹登庸把一张写有人情关节的二十二名考生名字的条子交给俞樾，请他关照。俞樾没有买账，发榜时这些考生无一登榜。收了考生好处的曹御史于是衔恨在心，上表称俞樾所出试题割裂圣贤语句，咸丰皇帝大怒，马上给了俞樾革职的处分。

俞樾就这样被罢官了，从此绝意仕途。时值太平军进攻浙江，因思慕吴地文脉深厚，俞樾遂打消了回原籍隐居的念头，选择移居苏州，讲学著书，终其一生。

春在堂

春仍在

俞樾到苏州还有个因素——得到了时任江苏巡抚、同科李鸿章襄助，出任苏州紫阳书院主讲，同时得以游历苏杭两地，讲学著书。三十多年的漫漫研经之路，他循矩朴学，在史学、音韵、训诂等领域都有独到的见解，终成国学鸿儒，一代宗师。海内外慕名负笈求学的人接踵而至，号称“门秀三千”，章太炎、陆润庠、吴昌硕等均出自其门下，影响远及日本、韩国、东南亚。

同治十三年（1874），俞樾在苏州有了造园营宅之意。他在护龙街西买了一块大学士潘世恩故宅的废地。当然，文人财力有限，据说地也是半买半送的。俞樾见这块地状如曲尺，与篆书“曲”字相似；又想起《老子》有“曲则全”的句子，于是便给自己的宅子取名“曲园”。

今天，知道苏州曲园的人也并不多，它隐藏在一条叫“马医科巷”的窄巷里。苏州人一般把这个巷子叫成“蚂蚁窠”。在蚂蚁穴里造园子，还真有些芥子纳须弥的味道。

门口石坊上刻有俞樾的隶书“曲园”二字。门内，迎面是一方小庭院，有数竿竹子摇曳生姿，往后就是小竹里馆，是当年俞樾读书的地方。据说当年曲园初建，俞樾的姻亲、著名将领彭玉麟就送来方竹，遍栽于此，幽雅高洁。同门李鸿章手书“德清俞太史著书之庐”横匾，表示自己的敬意。小竹里馆现在变成了陈列馆，正中挂着一幅园主人的彩色画像。墙两侧，则悬挂着几幅讲述俞樾生平事迹的画。陈列柜里，摆着俞樾家书及部分遗物、著作，供人观瞻。

或许是为纪念老师曾国藩的知遇之恩，主厅春在堂的堂匾，就是请曾国藩书写的。匾额下，屏门上为版刻嵌绿《春在堂记》。这篇小记由俞樾亲撰，交代春在堂的来历，澹烟疏雨，落花春在。厅堂不大，也

春在堂内景

没有大园林主厅的显贵之气。这里是曲园主人会友、讲学之所。现在修复的陈设，正中置放有一张罗汉床榻。遥想当年俞樾凭几闲靠，与友挥麈纵谈，百年光阴恍如昨日。堂内柱联，也是俞樾亲撰：

生无补乎时，死无关乎数，辛辛苦苦，著二百五十余卷书，流播四方，是亦足矣；

仰不愧于天，俯不怍于人，浩浩荡荡，数半生三十多年事，放怀一笑，吾其归欤？

曲园往事

俞樾一生在苏浙有三处居住地，除了苏州曲园外，西湖边还有弟子帮他建的诂经精舍，俗称“俞楼”。还有一处是三台山的右台仙馆，最后成为俞樾的终老之地。但是，俞樾一直把苏州曲园当作自己和家眷长居的家。为此他不惜往返苏杭，达三十多年。

俞平伯把曲园捐给国家后，政府将其稍作修葺，交给了一家文化单位使用。但没过多久，又改派其他用场，再后来，二十多户居民搬了进去，曲园自此颓圮，旧时王谢，乌巷斜阳。20世纪80年代，俞平伯受到的不公正待遇得到纠正。他听说曲园厅堂被二十二户居民占用，亭榭曲廊被拆，假山荡然无存，曲园里的曲池已经被填平，上面盖着三层水泥楼房后，整日心情不好，沉默不乐。在京的苏州籍老友叶圣陶、顾颉刚等了解到他的心事后，当即执笔草拟了给国家文物局局长的信函，建议重视修复曲园。

1980年5月18日，这一建议由叶圣陶、谢国桢、章元善、俞平伯、陈从周等著名专家学者亲笔签名后送国家文物局。反馈到苏州，市里果然十分重视，大部分园馆在1986年就修复了，但是园子里的三层水泥楼却

俞樾一直把苏州曲园当作自己和家眷长居的家。图为修复后的曲园

无法解决。一次，谢孝思前往北京开会，叶圣陶到他的住所看望。听说水泥楼还在，叶圣陶激动地拍着桌子说："曲园不能没有园，别说是三层楼的民居，就是再高的楼房，也要拆除，恢复花园。"少顷，他平静下来，交代谢孝思："这次会议结束回去后，带个口信给市长，请政府务必重视曲园花园修复这件事。"不久，俞平伯听说了修复工程的消息，他在一封给苏州友人的信中写道："悉旧寓近况，十户拆迁非易，其傍小楼之树，于拆楼时，希注意保护。又疑此是紫荆，非紫薇。荆在春夏，薇在夏秋，于明岁开花，盼得博物馆审谛。"

三年后，有花园的曲园，终于恢复开放。

佳子弟

曲园老人的学术传播主要有两个方面：一为著述，二为弟子。

得意弟子章太炎走了一条学术曲路，先是一意搞革命，民国纷乱后，晚年又回到学术路上，定居苏州讲学。当年师生决裂，有人理解《谢本师》一信是为老师开脱，免得牵累老师，但是对俞樾，却是深深的伤痛：“炳麟，吾徒也。吾爱炳麟深，此炳麟之所以报恩欤？”

也许是为遵循孔夫子“有教无类”的原则，他还收留、推介了不少喜爱汉学的日本人。1876年，有个叫井上陈政的日本人，专程来到西湖诂经精舍求学，因他情词恳切，曲园老人就收录了他。还有一个日本人叫竹添井井，全家来华旅游，将沿途所见写成了《栈云峡雨日记》及《栈云峡雨诗稿》，专程面谒俞樾，俞欣然为之作序。1882年，日本著名诗人岸田国华，收集了一百七十种日人诗集，寄到杭州俞楼。俞樾居然不厌其烦，费时数月，灯下圈点评阅，从中选定了五千多首诗，定名为《东瀛诗选》，寄回给了岸田。岸田便在日本出版刊行，据说至今仍有流传。

俞樾晚岁，也深知世界潮流无法逆转。他在遗言中写道：“吾家自南

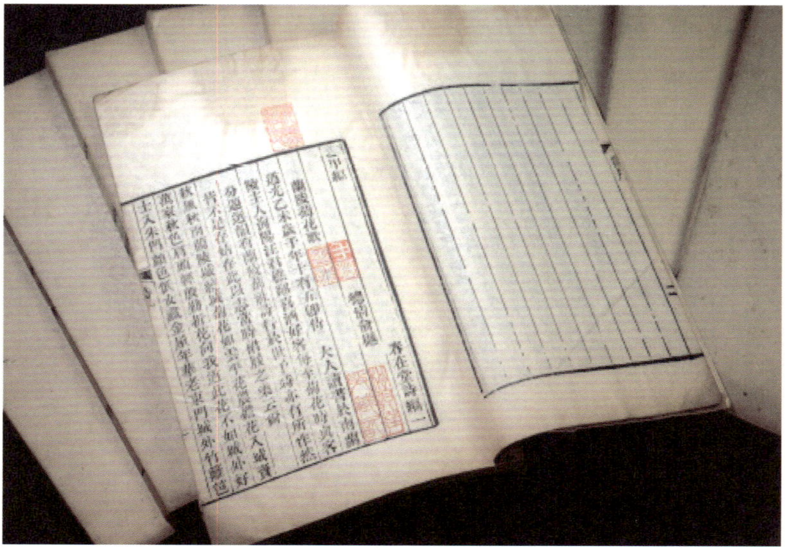

《春在堂诗稿》书影

庄公以来，世守儒业，然自今日，国家既崇尚西学，则我子孙读书以外，自宜习西人语言文字，苟有能精通声、光、化、电之学者，亦佳子弟也。”这样的认识，出自耆老宿儒，实在难得。

俞樾对孙辈的抚育和教导更是春深护花。孙子俞陛云出生后，即由其亲自教育。《曲园课孙草》就是俞樾专门为教孙子制艺而编写的家教八股文章秘籍。光绪二十四年（1898），俞陛云进京会试，以一甲三名进士及第，中了探花，果然不负厚望。俞陛云于是长住北京，在东城老君堂胡同买了房子，院中有老槐树，所以俞平伯先生从前写文章时，常说写于“古槐书屋”。

1900年，曾孙俞平伯出生在曲园时，俞樾已经八十岁了。平伯先生的游钓时代，都是在苏州曲园度过的。他和曾祖在曲园共度了八个年头，俞樾常在春在堂亲自为曾孙授课。据说他总是要求平伯在所读的书上盖上一枚“拼命著书”的印章。

1923年俞平伯重印“俞曲园携曾孙平伯合影”，并洗印数十张赠送亲友留念。有好友拿来登载在杂志上，四代薪火，得以相传。俞平伯还用曲园原韵，作诗以示“霜露之感”：

回头二十一年事，髫髻憨嬉影里收。

心境无痕慈照永，右台山麓满松楸。

数十年后，日军占据苏州期间曾经搜寻过一块宝贝，那不是别的东西，而是一块石碑，是寒山寺的张继《枫桥夜泊》诗碑。日本人曾经打了多次主意，但在寺僧的机智保护下，最终没有得逞。这块被日本视为重要文物的诗碑正是八十六岁的俞樾亲笔书写的，其书法端庄遒丽，力透纸背。此幅作品写完后不久，曲园先生就辞世了。

曲园老人辞世后，葬于西湖三台山的右台山麓。

章太炎：国学大师的晚岁生涯

苏州锦帆路原来有所名为章园的民国老房子。章园，顾名思义，就是国学大师章太炎先生的故居，门口挂有纪念铭牌。原来，章太炎晚年选择定居苏州，在这条小巷里度过自己的余生岁月。

择苏筑居

苏州大公园附近曾经是吴国的内城，也就是伍子胥建造阖闾大城的子城之一。内城外旧时有护城水道，西面一带被称为锦帆泾。据说当年水边遍植桃李，春日桃李花开，倒影如锦。还有说张士诚据吴称王时，经常和艳姬丽妾泛舟水上，人面桃花相映，彩漆金舟锦帆，一幅繁华图画。民国初，因交通需要，锦帆泾被填平成路，于是就有了今天汽车穿梭的锦帆路。

国学大师章太炎就是在这个时候选择到苏州，在锦帆路造屋安家。

太炎先生，原名学乘，后易名炳麟，号太炎。他本是浙江余杭人，清光绪年间入杭州诂经精舍从俞樾学习经史。章太炎和苏州的第一次缘分是光绪二十七年（1901）。因为反清事件受到牵连，他被清政府追捕，避难苏州，经友人介绍，受聘于东吴大学。那时他住在螺丝桥头，每天朝出

章太炎像

暮归，在讲堂中向学生们倡言革命。不久，江苏巡抚以言论恣肆为由对其兴师问罪，欲加逮捕，章太炎被迫流亡日本。

因为有了这样一次生活经历，所以太炎先生对苏州的印象很深刻。

1928年后，章太炎住在上海。苏州一些地方士绅学者如金天锡、李根源、张一麐等正好发起讲学，于是邀请太炎先生到苏授课。当时正是民族危急时刻，章太炎觉得挽狂澜于既倒，归根结底就是要深入地拯救国人品格，讲学是很好的途径，于是他同意移家姑苏。

章太炎纪念馆中一面呈现《民报》相关资料的墙

平生桀骜不驯的章太炎，一辈子唯独服膺两个苏州人，这两个人，一个是范仲淹，一个是顾炎武。他说，名节砥砺、士风犹存的地方，没有比苏州更好的了。所以，太炎先生在六十七岁的时候，毫不犹豫地选择了到苏州终老。

在苏州讲学的日子里，太炎先是住在侍其巷的双树草堂。后来，太炎夫人汤国梨女士来看他，发现这个地方离纺织厂近，织机声太吵，于是选择在锦帆路自建洋房，安家落户。章太炎故居当年被称为章园，大门朝南，在宋衙弄，侧门朝西，在锦帆路。院内有前后两幢西式二层青砖楼房，分别为章太炎著述、藏书、会客和全家生活起居的处所。

这所房子共花费了二万八千块银圆。有说章太炎建屋还曾得到过蒋介石的一部分资助，实际略有差池。此前“淞沪抗战”，国民政府表现不力，章太炎曾公开谴责过蒋介石政府，但在章太炎移居苏州后第二年，蒋介石却派员专程至苏州问疾，并赠送万元作为医疗费。当时章太炎正创办国学讲习会，主编学术杂志《制言》半月刊，苦于筹募资金，于是将此款用作讲习会的经费，也算适得其所。

章疯子

很多人的印象中，青年章炳麟和晚年章太炎好像不是同一个人。

因为，从中学的历史教科书上看，民国初年的章太炎是慷慨悲歌之士。他曾经为邹容的《革命军》作序，在中国较早反对帝制，倡导共和。1903年“苏报案”发生，章太炎和邹容同时被关在上海租界的监狱里。邹容病倒时，精通医道的章太炎还曾为他搭脉诊断，开出药方，并托人从外面买来中药，给邹容调治。

太炎先生不但因反清入狱，还曾因反对复辟，被袁世凯软禁了好几年。

因为章太炎经常在上海发表不利于袁世凯的言论，让他又恼又恨。考虑到自己恢复帝制会被章太炎反对，于是袁世凯以建立国学研究机构“考文苑”的名义和“共商国是”的幌子，把章氏骗到了北平。好吃好喝地招待他，却既不与之见面，也不放人。

袁世凯这招叫“养士磨气，息事宁人”，想借此堵住章太炎的嘴。刚开始，看见花园里有宪兵走来走去，章太炎没觉得什么。后来，他发现自己无论去酒楼喝酒还是到戏园子里听戏，都有尾巴跟随，太炎先生就不爽了。他问听差的：“他们是干什么的？”答曰：“保护您老的。”太炎先生闻言大怒，挥起手杖就打，宪兵们抱头鼠窜。在软禁期间，太炎先生很生气，没有地方发泄，就在房间里骂袁世凯。还在住所的门窗桌椅等凡是能写字的地方都写满了“袁贼”两字。

有人说，章太炎因为身上有狂狷之气，所以也被称为章疯子。其实，考究章氏一生所作所为，称其全疯有些夸张，但称之为半疯，是一点都不为过的。

太炎先生一生闻名于世的有四件事情：一是反清，二是反袁称帝，三是以国学成就标名立世。前面这三件史载较多，无须赘言，这最后一件事却是不修边幅，生活小节不伦，倒也能见书生的风骨和本色。

之前的太太王氏去世后，章太炎将小孩托付哥哥抚养，之后就全身心投入革命，此后十年孑然一身，起居生活无人料理，所以他的肮脏也在学术圈子里出了名：衣服常是脏得发亮，被褥数年不洗，室内杂乱无条理。在很多朋友的催促下，章太炎才考虑正式成家的事。

有演义者说章太炎登出一则求婚广告，规定三项条件：首先须文理通顺，能作短篇；其次须大家闺秀；最后须有服从性质，不染习气。这第三项的“不染习气”，据汪太冲《章太炎补记》说：“所谓习气，是指‘戊戊’以来提倡的男女平等、婚姻自由的一种时代风尚。要求女子不染习气，可见章氏虽是民主斗士，但思想仍有封建局限。”

广告一经刊登，效果不错，牵线搭桥者众多。章太炎最后看中了浙江吴兴名媛汤国梨。经人介绍，他写信向汤国梨求婚，汤欣然同意。汤国梨从上海务本女塾师范学校毕业，曾任浙江吴兴女学校长，1910年后，在上海与张默君等人共同创办神州女学和《神州女报》。汤氏家教很好，诗文俱佳，对于章太炎的三项条件，前二项她都具备，只有第三项，她并不具有太炎先生要求的男尊女卑的“服从性质”，因为她是新时代女性，崇尚平等。

章太炎与夫人汤国梨的西式婚礼

章太炎与汤国梨的婚礼于1913年6月15日在上海哈同花园举行。在20世纪之初，他们的婚礼可算是盛况空前了，男女来宾有两千多人。民国要人孙中山、黄兴、陈其美等都前来祝贺，学界大师蔡元培为证婚人。晚上在“一品香”宴客，新郎新娘应众人之请，还即席赋诗，十分风雅。

婚礼上，章太炎身穿西式礼服，脚穿皮鞋，汤国梨头披婚纱，典雅大方。据说章太炎平日里长衫布鞋，从来没有穿皮鞋的习惯，婚礼上居然将左右鞋穿错，后经指正才换过来，惹得满堂宾客捧腹大笑。

在苏州锦帆路的寓所，有了夫人的照顾，太炎先生想必不会那么邋遢了吧？

为生为师

太炎先生的狂狷还表现在师生关系上。

晚年，太炎先生在苏州办“章氏国学讲习会”，讲小学、经学、史学、诸子和文学，还专门讲过《尚书》、《说文》等。他曾经提出一个说法：“大国手门下，只能出二国手；而二国手门下，却能出大国手。”听老师这么说，弟子汤炳正十分不解，专门向他请教。他的回答是：“大国手的门生，往往恪遵师意，不敢独立思考，学术怎么会发展？二国手的门生，在老师的基础上，不断前进，故往往青出于蓝，后来居上。所以一代大师顾炎武的门下，高者也不过潘次耕（潘耒）辈；而江永的门下，竟能出现一代大师戴震。”

对待师生伦序，他接受的是韩愈的观点：“弟子不必不如师，师不必贤于弟子。”而对自己的老师，章太炎曾经也是离经叛道，惊世骇俗。

有资料说：1898年，章太炎因参与维新被通缉，逃往台湾，任《台北日报》记者。对弟子出逃这件事，俞樾是耿耿于怀的。后来章太炎剪辫子，发表系列仇满言论，更是俞樾所不能容忍的。1901年，适逢章太炎到苏州东吴大学任教，来拜望老师，俞樾怒斥他不孝不忠，“非人类也，小子鸣鼓而攻之可也”！

对于这段痛骂，章太炎一方面搬出朴学大师顾炎武，从经学角度进行辩驳，一方面写下《谢本师》一文，旗帜鲜明地表明自己的政治态度，并毫不客气地责问其师：“何恩于虏，而恳恳蔽遮其恶？”

至此，章俞之间也可算是恩尽情绝了。其实，俞樾非常器重弟子章太炎的才气。尽管章氏治经和老师走的不是同一条路，但曲园先生在授业过程中还是表现出相当的宽容与大度。

据说，章太炎当初写下与老师决裂的文章，没有立即发表。过了五年后，才刊载于《民报》，可见其彷徨与痛苦。俞樾去世后，章太炎还专门作《俞先生传》，文间虽有微词，但通篇还是充满敬意与怀念的。

而对自己的老师太炎先生，鲁迅临终前曾有评价说：

考其生平，以大勋章作扇坠，临总统府之门，大诟袁世凯的包藏祸心者，并世无第二人；七被追捕，三入牢狱，而革命之志，终不屈挠者，并世亦无第二人：这才是先哲的精神，后生的楷模。（《关于太炎先生二三事》）

笔头生涯

太炎先生不但对老师如此，就是见了官长也不趋炎。据说有次他在杭州“楼外楼”上写字，正巧蒋介石偕夫人也登楼用餐。蒋介石与章太炎以前就认识，也算是革命旧交。饭后踱过来打招呼："太炎先生，你好吗？"章太炎回答："很好，很好。"又问近况如何，太炎戏谑答："靠一支笔骗饭吃。"蒋介石说要用车送他回去，他连忙说："用不到，用不到。"坚持不肯坐车。蒋很无奈，于是就把手杖送给了章太炎，这倒令其很开心。

不过，太炎先生和蒋介石说的倒是实话。他在来苏州之前寓居上海时，倒真的是靠卖文写字为生。因为他不登广告，所以平时来求字的人很少，而朋友求墨宝，向来不收钱，以至于连交房租都成问题。民国十八年（1929）中秋，因积欠房租二十个月，章太炎夫妇差点被房东扫地出门。后来还是章夫人汤国梨先生托好友才解了围。

那时候，上海有家著名的书画笺扇店朵云轩，老板知道太炎的大名，时常带纸张来求他写字，每次都有小件大件数十宗。精明的老板取件时则不论件数多少，每次的"润笔"费都是五十银圆。偶尔也有人上门来请他写寿序或墓志铭等，一般都由章夫人出面，索价每件一百块银圆。但是，太炎脾气古怪，有时收了钱之后，他如果不喜欢某人，就坚持不肯写，常把事情弄得很僵。这时候，汤夫人就只好用他喜欢的香烟哄骗他写字。

1928年，民国总统黎元洪病逝。第二年，章太炎曾为黎元洪写《黎大总统墓志铭》，润笔费高达近万银圆，可能是晚清以来润格最高的谀墓文字。还有，张作霖死后，其子张学良曾经巨资求"维新四公子"之一的陈三立（陈寅恪之父）为其父撰墓志，但是被陈三立先生拒绝了。后来张学良找到章太炎，太炎先生大概迫于生计，接了这单生意。

对章太炎晚年的这种做法，陈独秀先生颇有微词。他认为，晚年的太炎，一度沦落到给军阀官僚、黑帮买办写墓志、寿序一类的文章，有些庸俗可悲。

苏州往事

关于太炎先生晚年在苏州的生活情状，因事隔久远，已经印记模糊。幸好有一位叫周劭的老先生曾经在年轻时访问过太炎先生，并且把它记录下来，让后人对这位苏州寓贤有了更清楚的印象。

周劭先生年轻时在东吴大学求学三年，对苏州的感情很深。晚年写了不少姑苏忆旧文字。

根据周先生的记载，章氏故居门前悬着两块木牌，靠洋房那边的是

章太炎纪念馆书房内景

章太炎在苏州园林

“制言半月刊”，另外一边的是“章氏国学讲习会”。章太炎的会客室陈设很简单，壁上挂着两张照片，一张是熊成基烈士遗像，另一张是段合肥（段祺瑞）在上海做七十岁生日的大寿图。房间里除了两张办公桌之外，另有一张小方桌，可供四人围坐谈话。

周老先生是陪林语堂一起拜见章太炎的。那年，林语堂非要到苏州来寻找沈三白的墓，顺道拜访章太炎。当时，章的身体已经很不好，见不得客，说话多了就喘气。他们到时，章太炎先是叫一个姓陈的先生出来打探一下，然后才出来会客。

章太炎穿了一件蓝色缎子棉袍，加上一件玄色大花对襟半臂，脑袋大得惊人。周劭怀疑里面不知藏了多少国故。

不一会儿，仆人奉上一听烟，点一支给他。不是常抽的“茄力克”，却是“大长城”。因为没有拿痰盂，章太炎很生气，又把仆人喊了回来。他满口余杭方言，也不知道学生们怎么能听得懂。

林语堂等人问起章对胡适怎么看？太炎先生笑起来：“哲学，胡适之也配谈吗？康梁多少有些‘根’，胡适之，他连‘根’也没有。”

几个年轻人当天还问了章太炎和四川廖平的事，太炎先生多少有些尴尬。因为章氏通古今经学，睥睨一世，但独畏四川廖平。廖平是《知圣编》的作者，也是西南一带国学圣手。据说章氏在四川时，廖平放言：章太炎如到成都，必面折之。结果章太炎就是不敢入成都。

周劭和林语堂访问章太炎的时候是1935年冬，临别还给章太炎在苏州寓所照了张相，可惜因为光线原因没能洗印出来，要不然就是章的绝照了。第二年6月14日，章氏病逝苏州。

据说太炎先生治丧时，按照家乡风俗，要用丝绸入殓。汤国梨叫人买来红、黄、蓝、白、黑五色丝绸，按照民国五色旗（国民党北伐后，改用青天白日满地红旗）的顺序排列在棺内。有人担心，假设按照当时国葬的礼仪，应该用青天白日满地红旗，这样做会不会得罪蒋介石？汤国梨说：“太炎先生一生为辛亥革命胜利、为五色旗的诞生出过力、坐过牢，用五色旗为他结爻，最为恰当。你们别怕，责任由我负。”

章太炎病逝时正逢抗日战争进入紧张时刻，无法立即安葬，所以灵柩暂厝在章园的防空洞中。1937年，画虎名家张善孖同其弟张大千为章

右图：章太炎故居
左图：章太炎书法

太炎画像，年迈的爱国老人马相伯题诗“前不见古人，后不见来者，念天地之悠悠，独怆然而涕下”；民国老人李根源请苏州集宝斋将题诗刻成碑，抗战胜利后立于章园中。

章氏灵柩于1955年4月迁葬至杭州西湖南屏山下，与明末抗清英雄张苍水之墓为邻。碑刻仍留章园，作为衣冠冢，以供纪念。1980年7月，九十八岁的汤国梨先生安然辞世，安葬在章太炎墓地西侧。

汤国梨有一句诗：“不是阳澄湖蟹好，此生何必住苏州？”章太炎与汤国梨伉俪二十三载，生有两子，长子名导，留居苏州；次子名奇，寓居美国。章导的后代都居于苏沪，能讲一口流利的苏州话。现在故居后面的平房为章太炎孙辈所居，小院里还有汤老手植的一棵梨树和两株蜡梅，每年春来花开依旧。

柳亚子：人中麟凤，书生意气

1945年秋，赤县神州才驱外辱，山城重庆正面临着中国命运的大抉择，国共两党正在为国家的未来走向进行谈判。

这时候，《新民报》忽然发表了一首毛泽东的词《沁园春·雪》，藐视秦皇汉武，力压唐宗宋祖，“数风流人物，还看今朝”！词如文弹，瞬时轰动山城朝野，让国人一睹了延安领袖的胆识和气魄。蒋介石读后惊怒，立即组织文士反击，一时和词无数，但均不能压服毛词，这成了谈判期间一则颇为惹人关注的花絮和话题。随后，著名报纸《大公报》又跟进发表了毛泽东原词与柳亚子的和词，才让人基本摸清了故事原委。原来革命领袖与民主人士交往日久，趁重庆谈判，毛泽东轻装简行，专程到沙坪坝探望柳亚子先生。柳亚子正好受人之托在编印一本诗选，因此向毛先生索句。于是，毛泽东在纪念册上写下了这首1936年在陕北窑洞里写的“游戏之作”。柳亚子将词给亲友传阅转抄，最后被黄苗子等敏锐新闻人拿到报馆发表，公之于众。

很多人都是借由这次诗词唱和才知晓柳亚子的，但对这位早年投身革命、创办南社、以笔作枪的革命诗人的身世却未必了解更多。谈及亚子的诗，毛泽东在信中写道：“先生诗慨当以慷，卑视陆游陈亮，读之使人感发兴起。”除了睥睨古今外，毛泽东还送了柳一个更高的评价：人中麟凤。

南社

吴江古镇黎里，一直是“养在深闺人未识”，近年来也开始逐渐开发，打出的名号就是“柳亚子故里”。其实柳亚子出生在汾湖，后来举家迁往黎里，长期租赁一大户老宅居住。因为柳氏高祖是桐城派学人，所以祖父给亚子取名慰高。少年时因崇信卢梭天赋人权学说，亚子以亚洲卢梭自命，改名人权，字亚卢。后来为表示对宋代词人辛弃疾的敬慕，还

次韵和润之咏雪之作不尽依原题意也

柳亚子

廿载重逢，一阕新词，意共云飘。叹青梅酒滞，余怀惘惘，黄河流浊，举世滔滔。邻笛山阳，伯仁与我，拔剑难平块垒高。伤心甚，哭无双国士，绝代妖娆。

才华信美多娇，看千古词人共折腰。算黄州太守，犹输气概，稼轩居士，只解牢骚。更笑胡儿，纳兰容若，艳想浓情着意雕。君与我，要上天下地，把握今朝。

沁园春·雪

毛泽东

北国风光，千里冰封，万里雪飘。
望长城内外，惟余莽莽；大河上下，顿失滔滔。
山舞银蛇，原驰蜡象，欲与天公试比高。
须晴日，看红装素裹，分外妖娆。

江山如此多娇，引无数英雄竞折腰。
惜秦皇汉武，略输文采；唐宗宋祖，稍逊风骚。
一代天骄，成吉思汗，只识弯弓射大雕。
俱往矣，数风流人物，还看今朝。

曾用名弃疾。在上海健行公学教书时，友人高天梅嫌亚卢（盧）的笔画多，来往信件上常写作亚子。后来名号统一，亚子就传叫开了。从柳亚子的改名过程，可见其心路历程。

少年柳亚子身处清末大变局之际，他心忧天下，志在报国。1901年，十五岁的柳亚子写了一篇给光绪皇帝的万言书，希望他整顿纪纲，诛戮后党。看到儿子写了这样的文章，母亲费氏吓坏了，父亲倒是觉得此子不凡。后来，柳亚子在上海参加中国教育会和爱国学社，结识了蔡元培、章太炎、邹容等师友，他从反对旧制醉心变法，开始向激昂的民主革命阵营靠拢，并在报刊上发表了很多慷慨有力的革命文章，成为当时引人注意的青年革命宣传家。1906年，经高天梅等人介绍，柳亚子加入同盟会；不

中国南社纪念馆的一面墙上，集中展示了南社会员们各自手写的『南社』二字

久，经蔡元培介绍，又加入光复会，成为名副其实的“双料革命党”。

1909年11月13日，苏州虎丘来了一批特殊的客人。

这些客人乘画舫从阊门外鸭蛋桥出发，沿山塘河一路过来，船上有十九人，带着酒菜，一路说笑，高谈阔论，看着倒不像是一般的观光游客。原来，这些人就是陈去病、柳亚子、高天梅、朱梁任、庞檗子、黄宾虹等人，他们相约当天在虎丘集会建社，这就是在中国近代史上赫赫有名的社团——南社。

江南文士自古就有结社的传统，明代的东林书院诸人被称为“东林党人”，清代也是在虎丘，就有著名的“娄东二张”组织的复社集会。而南社的前身就是陈去病、吴梅等人组织的神交社。据说陈去病特别喜欢南字，自己取字巢南，就是取古诗里“胡马依北风，越鸟巢南枝”之意。定名南社还有一层含义就是：“南者，对北而言，寓不向满清之意。”

而此前，高天梅在上海报纸上发表了《南社启》，主张在文化上要“召唤国魂”，开篇就说“国有魂，则国存”。南社虽是文学团体，但是用文字鼓吹革命，号召反清斗争。所谓寻找国魂，就是要唤醒民族自觉，发扬民族精神，振奋自强。

南社开会的地点在张国维祠，苏州人都叫它张公祠，是纪念明末投水殉国的兵部尚书张国维的。张公祠因年久失修，门窗破烂，庭院荒芜，人迹罕至。陈去病事先安排人稍微打扫，还借来两张方桌、几条长凳，以备开会之用。

参加会议的十九人中，除两人为苏州来宾外，其余十七人大部分为同盟会会员。大家在虎丘山下合影后，就进入了张公祠。祠堂里摆了两桌酒菜，与会者边饮酒边开会。会上通过了南社条例，还做了分工。陈去病任文选编辑员，庞檗子为词选编辑员，柳亚子为书记员，朱少屏为会计员。南社的入社程序是很严格的，后来的会员必须填写入社书，每个人

《南社群贤》 周道悟绘

作品反映的是1909年11月13日，南社在苏州虎丘举行的雅集盛况

都有编号。虎丘雅集后，还在杭州唐庄、上海张园举办了多次雅集，后来社务大部分由柳亚子承担，他也成了南社后期的实际负责人之一。

南社首聚的当天，还发生了一个小插曲。社务选举后，大家借着酒兴谈起了诗词。柳亚子认为诗当学唐，词则推崇五代，与主张词尚南宋的庞檗子展开激烈讨论。现场争论中，形成两派意见。有趣的是，柳亚子因小时淘气学舅舅口吃，落了一生期期艾艾之病，争论中落入下风，又急又气，于是躺在地上大哭，说你们欺负我。后来，陈去病等只好出来打圆场，庞檗子道歉作罢。这个小插曲后来被庞檗子写到诗里："众客酬酢一客唏。"可见柳亚子为人耿直爽快，执着率真。后人附会说，柳亚子为争当社长，口吃难辩，号啕大哭，实属无稽之谈。

南社雅集的第一次合影后来被用于不少报刊，但是只有十七人。苏州博物馆保存了后来几次雅集的照片，但是第一次的照片难觅踪迹。2013年，一直研究柳亚子的张明观先生在国家博物馆的网站上发现了一幅照片，是柳亚子的女公子柳无垢捐赠的。上面柳亚子亲笔标注了照片上的每一个人的名字，还附注说有两名会员来迟了，没有参加合影。

中国南社纪念馆内『南社三杰』青铜塑像，形象地再现了高旭、陈去病、柳亚子的风貌

偏有文章杀祢衡

南社成立后，一时山鸣谷应，相继有越社、广南社、黄社、辽社等社团成立。他们有的是南社的支社，有的是外围社团。鼎盛时，国内有一千多会员入社。黄兴、宋教仁、陈其美、于右任、邵力子、沈钧儒、林白水、戴季陶、陈布雷等政治人物欣然相从，李叔同、苏曼殊、包天笑、周瘦鹃等文化人士陆续加盟，就连鲁迅都曾加入越社，编辑过《越社丛刊》。可以说，南社当时名流云集，济济一堂，山呼海应，在传播革命思想、文化思潮方面起到了难以估量的影响。杨天石教授评价说，南社是近代中国

柳亞子
南社紀略
南社社員
姓氏錄

最大的，也是名气最为响亮的文学和文化社团。

在南社，柳亚子自称是“小旋风”柴进，而陈去病则被誉为“及时雨”宋江。1919年“五四新文化运动”后，南社逐渐解体。1923年，柳亚子又和叶楚伧、邵力子、陈望道等人组建新南社，以每月聚餐的形式来传播新思想和新文化。其后，廖仲恺和茅盾都先后加入。随着革命思潮的汹涌，回到家乡的柳亚子还和同仁们创办了一系列以“新”字冠名的杂志：《新黎里》、《新周庄》、《新同里》、《新盛泽》、《新平望》、《新震泽》、《新严墓》等，有人调侃这是“七星（新）聚义”。这些遍布吴中水乡的新派书刊，成为新思想传播的火种。百年前的江南小镇，秉持“苟日新，日日新”的精神，充满了革命维新的朝气。柳亚子在祝贺《新周庄》复刊的文章里写道：“我们‘新’字号报纸的创办人……提倡新思潮，研究新文化，打倒旧势力，当然是我们的天职。”

作为坚定的国民党左派，1926年4月，柳亚子以中央监察委员的身份到广州参加国民党二届二中全会。他曾当面质问蒋介石：“你到底是总理的信徒，还是总理的叛徒？”据说蒋介石面红耳赤，默不作声。借此，柳亚子离蒋日远，心底逐渐亲近共产主义思想。他曾有藏书章一枚，刻有：李宁（即列宁）私淑弟子。在柳氏后来捐赠给国家的四万多册珍贵典籍和乡邦文献上多钤有此章。

黎里的柳亚子故居，近年来游客日增。在故居老房子的第二进卧室里，有一个夹层。讲解员常会向游客解说当年柳亚子逃难的往事。1927年，因在家乡传播革命思想，柳亚子曾被军阀孙传芳通缉，时刻有被捕杀头的危险。是年5月28日晚上，听闻柳亚子潜回黎里，军警就到其家中搜捕。警觉的夫人忙让柳亚子躲进复壁夹层。军警们搜检了一阵，把隔壁村里到柳家做客的亲戚误当作柳亚子抓走了。幸免于难的诗人在夹层里还幽默地口占一绝：

柳亚子故居书房内景

曾无富贵娱杨恽，偏有文章杀祢衡。

长啸一声归去也，世间竖子竟成名。

几天后，柳亚子易服改装，东渡日本。

有人评价柳亚子后期的诗风沉郁苍凉，偏好用典。词作既有学辛弃疾的，慷慨激昂，言志抒怀，也有他自己的婉转惆怅，孤芳自赏。

国殇多少长弦血

柳亚子虽然在追捕中幸免于难，但他的一位革命女同志遭遇了不

柳亚子专门请人绘制了一幅《秣陵悲秋图》，并请南社诸友题诗纪念秋石烈士

幸，这成了亚子一生的痛。

1925年，柳亚子在国民党江苏省党部任执行委员时，曾经推荐黎里女学教员张应春担任妇女部长。张应春，字秋石，系中共党员，因病在家休养，在柳亚子的敦促下，勉力参加工作。1927年“四一二”政变前夕，张应春在南京被捕，宁死不屈，不久被残忍杀害。柳亚子当时在日本，听到这个消息十分悲愤，说“我不杀伯仁，伯仁因我而死”。回国后，柳亚子专门请人绘制了一幅《秣陵悲秋图》，并请南社诸友题诗纪念秋石烈士，共计一百一十七首诗词，足见用心之殷。于右任亲自题端。“秣陵”为南

京旧称，悲秋暗含悼念“秋石”女士之意。柳亚子用骈体文写了图前小序，点明“此亡友秋石女士成仁纪念也”。又在图后填《摸鱼儿》词，其中有句：“国殇多少长弦血，不是曹家萁豆。翻复骤，痛一代峨眉，也死伧夫手。”

秋石烈士牺牲两年后，柳亚子还专程写信给她的妹妹和叔叔，寻求烈士的遗照并邀请于右任先生为她题写墓碑，以志纪念。

1936年，革命低潮，国事日非，柳亚子因患脑疾，闭门谢客。上海沦陷后，他因病不能内迁，考虑到日本人可能对自己不利，乃引用王夫之“六经责我开生面，七尺从天乞活埋”句意，自题居所为“活埋庵”，不与汪伪合流，读书修史自娱。

此前，他曾和人发起“吴江文献保存会”，致力于乡邦文献的搜集整理工作，后来还担任过上海通志馆馆长一职。据统计，吴江文献书目的八成都是柳亚子的藏书。柳亚子在自撰年谱中写道：“狂胪乡邦文献，购书万余卷。资用不足，则举债以继之。”当时，柳家在黎里是赁屋而居，柳母一直想在镇上买个自己的房子，曾经交给柳亚子三万银圆，让他看到有合适的房子就买下来。可是，到了年底，柳母发现“床头金尽”，这笔钱，被柳亚子陆陆续续地买了旧书文献了。

1958年端午节，诗人兼革命宣传者、社会活动家柳亚子病逝于北京，终年七十二岁。

柳亚子生前就多次将多年收藏的文献、明清刻本、自己的诗文集、南社历年的诗集文录以及字画等捐献给北京图书馆、上海图书馆等机构。他去世后，他的家人受他委托继续捐献。据悉，柳家仅捐赠上海文管会的藏书就达五万余册，捐给苏州博物馆的书籍期刊多达七千三百余册。

伍

名僧大德

——梵门自古树高风

寒山拾得逍遥无行迹，印光大师总自称常惭，想来他们从未自己定位为“名僧”，而世人从他们的言行举止中，已然感受到了高风大德。苏州的名山古寺，有幸留下这些高僧的参悟，让我们以此接近他们慈悲的思想、精微的奥义。

支道林：爱马养鹤谈玄

“一种风流吾最爱，六朝人物晚唐诗。”说到魏晋名士，高僧支道林是个绕不过的人物。

支遁（314—366），字道林，号支硎，世称支公或林公，被誉为东晋第一流高僧。他通晓老庄，善谈玄学，还是佛学般若六家七宗中的即色宗创始人。支道林出生于河南，却流连江南的吴郡（苏州）、会稽（绍兴）和建康（南京），因为能诗善弈，又擅长草书隶书，所以交游于达官文士间，不拘一格，潇洒自在，他的朋友圈里都是谢安、王羲之、孙绰这样的谈玄名士。

唐人笔记里说他曾经参加了永和九年（353）暮春的兰亭雅集，以至于他的名字在后世多个版本的雅集名单里流传，甚至被写进了教学参考书。但是经过当世学者认真考证，东晋名士的兰亭会饮有多次，支道林肯定参加过，只是被王羲之记录的那次，确实没有他。当然，这并不妨碍他爱马养鹤、谈玄论佛的声名。

在苏州，名僧支道林也留下了多处遗踪。

饮马放鹤

苏州市中心十梓街和人民路交叉口的饮马桥，自古是交通要津。据说此桥的得名就与支道林有关。清代笔记《红兰逸乘》里记载：“支遁好乘马，其最重者名曰‘频伽’。尝饮频伽于桥下，马渡处忽生莲花，人异之，故名桥曰‘饮马’，而桥之西南有莲花巷。”名僧名城饮马，就连爱马撒泡尿都有传奇。莲花巷和饮马桥两个地名现今都留存了下来，只是高僧遗迹已杳如黄鹤，泯然无闻了。

支道林爱马是有名气的，甚至成为后世爱马者的代表。辽宁博物馆收藏了一幅《神骏图》，据传为唐时韩幹所绘支遁爱马的故事。此图绢本

《神骏图》（局部） 唐・韩幹绘

设色，画上岸边石床上一僧一儒踞坐左望，后立一持鹰侍从，左侧水中一仆童骑白马奔驰而来。作品用线细劲，敷色艳丽，人物传神，骏马昂扬。

据说支遁特别喜爱白马，号“白马道人”。《吴地记》甚至将支公仙化，说他得道后，“乘白马升云而去”，不知是否是乘着那匹名叫频伽的良驹飞逝升天的。翻看支道林的资料，你会觉得很奇怪：他通儒，又深研老庄，最后成为名僧，简直是贯穿了儒释道三家。其实，这也正体现了那个时代三教彼此借鉴、互相交融的共生特色。

唐代《建康实录》里说，支道林“不游人事，好养鹰马，而不乘放”。

爱马的支公，坐骑自然是匹白马，传闻这白马很有灵性。吴地民间

支遁誡勗

高僧傳云。晉支遁字道林。心境忘懷。業精般若。時謝安王羲之與之厚善。謝安嘗書抵遁。思君日積。比辰尤甚。知欲還剡自治。爲之悵然。人生如寄耳。頃風流得意事。殆磨滅都盡。雖終日慼慼。遲君一來。以晤言消遣之。一日千載也。當時名士郗超孫綽桓彥表王敬仁何充之袁彥伯。並與結方外交。天下想見其標致也。後投迹剡之剡山小嶺。立寺行道。衆僧稟學。時有惰者。遁著銘以勗之曰。勤之勤之。至道非彼。莫爲淹滯。弱喪神奇。茫茫三界。渺渺長羈。煩勞外湊。冥心內馳。殉赴欽渴。緬邈忘疲。人生一世。消若露垂。我身非我。云云誰施。達人懷德。知安必危。寂寥清舉。濯累禅池。謹守明禁。雅說玄規。綏心神道。抗志無爲。寮朗三蔽。融冶六疵。空洞五陰。虛豁四支。非指喻指。絕而莫離。妙覺既陳。又玄其知。婉轉平任。與物推移。過此以往。勿思勿議。

清同治年间彩色插图版《释氏源流应化事迹·支遁诫勖》

传说，他骑着白马沿着苏州西郊山涧一路漫行，神骏在山间水塘里洗了个澡，第二年，水中开满了白菱花，结出鲜美的白色菱角。后来，人们把白马游逛的地方称作“白马涧”，把白马洗澡的地方称为“白荡”。这个传说得自宋代范成大的《吴郡志》：“道林喜养骏马，今有白马涧，云饮马处也。庵旁石上有马足四，云是道林飞步马迹也。”

而《世说新语·言语》则记载：

支道林常养数匹马。或言道人蓄马不韵，支曰：“贫道重其神骏！”

好个“重其神骏”！这份疏狂，是魏晋名士精神的张扬外露，也是俊逸豪放高僧的自白。不光是喜欢马，支道林还爱养鹤。《世说新语》还记载了他的另外一段轶事：

支公好鹤。住剡东岇山。有人遗其双鹤，少时翅长欲飞。支意惜之，乃铩其翮。鹤轩翥不复能飞，乃反顾翅，垂头视之，如有懊丧意。林曰：“既有凌霄之姿，何肯为人作耳目近玩！”养令翮成，置使飞去。

由此可见，支道林与竹林名士们一样主张毁弃礼法，追求自然。这正符合东晋时期老庄学说与佛学糅合为玄学并成为主流的社会思潮。支道林对老庄的解释与众不同，独步一时，与郭象、向秀齐名，拓展了一个不同于传统的解释宇宙和人生的新境界，令同时代名士们眼界大开。可以想见，那些手执麈尾蝇拂和团扇如意的士大夫们，与名僧支道林等人一起以玄解佛，以佛补玄，日夜清谈，增添了多少玄妙雅趣。

魏晋风流

说支道林是位具有名士气质的高僧，从《世说新语》即可见一斑。有人统计过，在一千多条的语录中，单是关于支道林的记载就有近五十条。

撷取两个故事，来看支道林在名士中的风度和地位。

书法家王羲之也是狂狷之人，这个当年袒卧东床的才子，一般俗人都不入法眼。他在绍兴做官时，支道林也在当地，名士孙绰向王羲之介绍说，这个支道林很有名气，标新立异，胸怀宽阔，你想见见吗？傲气的王羲之根本就没有理会。有一次，支道林与孙绰同乘一车拜访王羲之，王羲之自始至终都没和支道林说一句话。后来，王羲之有事要先走，车在门外，支道林对王羲之说："君未可去，贫道与君小语。"支道林和王羲之谈的是《庄子·逍遥游》。支道林说得如何？《世说新语》里记载是"作数千言，才藻新奇，花烂映发"。王羲之听得怎样？他"遂披襟解带，流连不能已"。支道林用自己的才学折服了王羲之，两人从此成为交往深厚的好友。

晋室南渡后，支道林在士林中的声名日播，许多名士都乐于与他交往。除王羲之外，那些社会名流如谢安、殷浩、孙绰、王坦之、袁伯彦等也都和他结成方外之交，"出则渔弋山水，入则言咏属文"，甚至几天不见，便有一日三秋之感。被誉为"江左风流宰相"的谢安曾写信给支道林："思君日甚，一日犹如千载，风流快事几乎被此磨灭殆尽，终日戚戚。希君一来晤会，以消忧戚。"谢安是何等人物？淝水之战，谈笑间击败苻坚百万雄兵！这么一个临危不惊、喜怒不形于色的人，居然因为身边少了一个支遁，就变得忧心戚戚、郁郁寡欢，由此可见支道林是一个多么富有人格魅力的高僧了。

"竹林七贤"之一的嵇康，曾在柳树下锻铁，人品胸次都高，谢安却认为即使嵇康用尽全部才学，也不及支遁的一半（《世说新语·品藻》）。所以现代著名哲学家汤用彤在《汉魏两晋南北朝佛教史》中写道："东晋名士崇奉林公，可谓空前。"

据说支道林风雅可亲，甚至有人为了争抢他身边的座位，不顾脸面地打了一架。《世说新语·雅量》记载：支道林准备辞别建康东去，诸位名士设宴送行。在宴会上，蔡子叔先抢到了支遁旁边的座位，但在他起身与别人寒暄行礼时位子被谢万所占，蔡竞拉着谢的坐垫用力一掀，将其摔倒在地，夺回了紧挨支道林的座位，为此差点碰伤了谢的脸。后来，唐代诗僧皎然说："山阴诗友喧四座，佳句纵横不废禅。"支道林为什么这么受欢迎？好友孙绰在《喻道论》中说："支道林者，识清体顺，而不对于物。玄道冲济，与情同任。此远流之所以归宗，悠悠者所以未悟也。"

支硎山

支遁在苏州时结庐何处？这和他的号"支硎"有关。

据现存苏州最早的地方志《吴地记》载："支硎山，在吴县西十五里。晋支遁，字道林，尝隐于此山。"位于苏州吴县西北的支硎山，山石平整如硎（硎，磨刀石），故支遁以支硎为号，而山又因支遁而名，建的寺庙也被称为支遁庵。宋范成大《吴郡志》也记载："支遁庵在南峰，古号支硎山。晋高僧支遁尝居此，剜山为龛，甚宽敞。"

支遁庵唐时改名为支硎山寺、报恩寺和南峰院等。北宋以后，又播衍为天峰院、北峰寺、中峰禅寺等。此后，僧众还在山麓下兴建了楞伽寺（后改名观音寺），所以支硎山又名观音山。观音山旧时有一项和虎丘中秋、石湖串月齐名的民俗活动，那就是每年农历二月十九的香市。那天也是观音山开山的日子。男女老幼，摩肩接踵，上山礼拜。据说，观音山开山在城内也是一重大事件。苏州城内的私家园林一般不向大众开放，只待二月十九观音山开山后才开放。而支硎山也因支道林受到清代帝王的敬重，《吴县志》记载："乾隆南巡，六次临幸，赐联额。"

除了支硎山的遗迹外，还有人说苏州天池山也与支道林有关。天池山中有寂鉴寺，据《天池山寂鉴寺图》记载："支公禅师结庐焚修于此，垂二十余年。德行闻于朝，晋帝嘉其志，拨内帑十万缗，为之开辟道场以

《支硎春晓》 明·文伯仁绘

行教化，遂有兹寺。”

另据文献记载，约于公元343年，支遁曾在天池山东面的花山附近土山墓下举行过“八关斋”。“八关斋”为佛教规仪，即“八关斋戒”，简称“八戒”，是佛教为信徒和居士制定的八项戒约：不杀生、不偷盗、不

支硎寺旧影　摄于1890年

淫欲、不妄语、不饮酒、不眠坐高广华丽之床、不装饰打扮及听歌观舞、不食非时之食（即过午不食），前七项为戒，后一项为斋，故亦称“八斋戒”。斋戒期间，居家的佛教信徒的生活起居应参照出家的僧人。

佛教虽然在东汉时传入中国，但将其作为一种哲学理论来研究，则是东晋以后的事。汤用彤先生说：“由汉至前魏，名士罕有推重佛教者。尊敬僧人，更未之闻。”（《汉魏两晋南北朝佛教史》）支道林对佛教意义的阐释，赢得了当时名士们的赞赏，雅尚所及，崇佛之风，亦由此滥觞。因此有研究者认为支道林是佛教中国化过程中的重要人物。

千载时光如水，名僧早已乘鹤飞逝。支硎山上曾经留有支公洞、支公井、马迹石、放鹤亭和石室等与支公有关的遗迹多处，可惜因岁月变迁已渐渐无闻。但作为名僧的纪念地，支硎山一直为后人所凭吊。

唐代诗人白居易登临支硎山后写诗："好是清凉地，都无系绊身。晚晴宜野寺，秋景属闲人。"明代苏州状元吴宽游览后赋诗道："四峰如戟倚江天，支遁风流尚宛然。马迹千年留石上，鹤飞何日返亭前。林泉有意寻幽赏，轩冕无因了俗缘。寺主相逢聊借问，几时方丈许参禅。"

名僧爱马的形象也常驻丹青。清末，著名画家任伯年曾作《支遁爱马图》，今藏上海博物馆。此图右侧画一丛芭蕉，支遁扶杖伫立其下，观赏骏马。马则扬蹄，作昂首回礼状，表情似与人语。

《支遁爱马图》清・任颐绘

寒山和拾得：从癫狂二僧到“和合二仙”

“月落乌啼霜满天，江枫渔火对愁眠。姑苏城外寒山寺，夜半钟声到客船。”一首唐诗让一座古寺流传千载，一座古城因一座寺庙而名扬海宇。

一个秋晚，因“安史之乱”而避难江南的进士张继，停船在姑苏城外运河边，夜不能寐，愁眠辗转，留下了这首诗。也有人说，张继是落第举子，以诗抒怀胜于千百状元。是否中举并不重要，重要的是《全唐诗》收诗数万首，此公仅凭此一首压卷扬名。当然，好诗，有一首得以流传就足够了。

寒山古寺有诗缘。自此后，每有文人墨客船临苏州，必凭吊留诗。陆游、张孝祥、文徵明、唐伯虎、王穉登等都留有诗篇。

名寺名诗配名僧。而往上追溯，寒山寺的得名，居然也源自一位诗僧，这就是唐代的高僧寒山子。据说他活了一百多岁，留下三百多篇诗歌，收录在《寒山诗集》里。寒山子一生由道入禅，以诗弘法，留下诸多传奇。由于历史久远，今人只能通过诗篇和野史笔记、佛教记载里的东鳞西爪，来还原寒山子的行迹。

寒山结茅

根据《大宋高僧传》和《景德传灯录》记载，寒山出生在唐玄宗开元二十三年（735）前后，圆寂于大和七年（833）左右，生年近百。近代胡适先生和其他研究者也大多认为寒山子是公元八世纪到九世纪的人。后世根据他诗篇里出现的地名，判断他可能出生在陕西。按照《景德传灯录》的记载，寒山行止十分怪异：

天台山的寒山子，谁也不知道他的姓名。因为居住在天台县西山里的寒岩中，所以得名寒山子。寒山子面貌憔悴，身上布衣破碎，头上戴着一顶桦树皮做的帽子，脚上穿着一双大号的木屐。他经常到附近的国清寺来，专门捡食寺里和尚们的残羹冷饭。寒山有时在屋廊下慢走，有时高声叫嚣，向天谩骂。寺里的和尚觉得他是个疯子，就拿禅杖赶他出去，于是，寒山返身拊掌大笑而去。

从这段记载可以看出，与寺里众僧不同，寒山子独自修行。他要么是佯狂避世，要么就是得道高僧，绝对不同凡人。天台国清寺是著名的禅宗道场，由智者大师开创，当时的名僧是丰干禅师。《景德传灯录》下面还记载了寒山与丰干的一段对话：

一日，丰干告之曰：“汝与我游五台，即我同流。若不与我去，非我同流。”曰：“我不去。”

丰干曰：“汝不是我同流。”寒山却问：“汝去五台做什么？”丰干曰：“我去礼文殊。”曰：“汝不是我同流。”

此段公案，以佛家禅机来看，寒山高出丰干。按照禅宗的真谛，不可说，不可说，一说就错。一个心中有佛者，自然不必在乎一定要到五台山进行这种形式上的朝拜。

和寒山齐名的，是另外一位高僧拾得。按照《大宋高僧传》记述，

明蒋贵所绘《寒山拾得图》。图左蓬发者为拾得，右为寒山。一着淡墨，一似白描，以战笔和铁线描写衣纹。淡墨渲染背景，衬出古树枯蔓覆雪之景。图中右部署有『青山』，为蒋贵号，并钤有印。这是目前所知蒋贵唯一署名的作品

寒拾殿里供奉的寒山拾得塑像

寒山的乖戾行径很多人不理解，但他偶尔讲出的话却常常和佛理相同，旨归合一。拾得是国清寺里的挂单行者，只有他关心寒山，有时用竹筒装一些剩饭留给他吃。二人惺惺相惜，常常聚在一起讨论交流。后来，台州刺史闾丘胤到国清寺来拜访寒山，向寒山恭敬地行礼。正当寺里的僧人都感到奇怪时，寒山、拾得则携手出寺而去，退身缩到寒岩里，留下一句“汝诸人，各各努力”就不见了。岩缝也随之合上。后来，刺史让人搜寻寒山的遗物，在树林里找到写在树叶上和写在农人墙壁上的诗，一共录了三百多首，结集成《寒山子诗集》（也作《寒山诗集》）。

这个记载虽然有些玄幻，但不论寒山大师的踪迹如何神奇，他的诗作却真真确确地留下来了。寒山子六十多岁时，曾经有过一次外出，这次外出接近十年，应该就是他到苏州结庐，始创寒山寺的时间。据《仙传拾遗》记载，寒山子在天台有“十余年忽不复见”。据明代姚广孝所著的《寒山寺重兴记》记载，寒山子戴着桦树皮帽子，脚着木屐，曾经来到苏州城郭外，结茅修行。他热天就在路边设置茶摊供给口渴行旅之人，看到河边挽舟的纤夫，就送他们一个草垫，或者亲自挽起衣服帮他们一起拉船。

可见，在苏州的时候，寒山大师隐居持善，苦修佛法。后来，在寒山回到天台国清寺化遁之后，著名的禅师石头希迁就在寒山大师在苏州结茅的地方建立了寺院，题额“寒山寺”，以示纪念。

流浪者

唐代是诗的国度，上至王侯贵胄，下到贩夫僧侣，例都能诗。研究者从寒山的诗里解读出，寒山子早年从儒，家境尚可，有妻子儿女，后来家道中落，屡遭不幸，“不觉大流落”，于是“抛绝红尘境”，走上了归隐之路，经历了“出生三十年，尝游千万里”的云游经历。苏州，大概只是这位觉者求法旅途中的一个经停驿站而已。三十多岁时，他开始在浙江台州翠屏山寒岩落脚，长期隐居。与国清寺的拾得、寺内长老丰干法师时相往来，三人后来也被称为“国清三隐”。

寒岩生活，令人出尘忘忧，是寒山子隐逸生涯里的快乐时光。他在诗里写道：“我自住寒岩，快活长歌笑。”但是，寒山诗中也有感慨人生无常、尘世淹留的痛楚。就在他六十多岁云游四方归来后，他在诗中记述：“一向寒山坐，淹留三十年。昨来访亲友，大半入黄泉。渐减如残烛，长流似逝川。今朝对孤影，不觉泪双悬。”从寒山子这位高僧笔下，也可以

寒山寺寺门